四川省依法治省第三方评估报告（2017）

中国社会科学院国家法治指数研究中心
中国社会科学院法学研究所法治指数创新工程项目组

中国社会科学出版社

图书在版编目(CIP)数据

四川省依法治省第三方评估报告．2017／中国社会科学院国家法治指数研究中心、中国社会科学院法学研究所法治指数创新工程项目组著．—北京：中国社会科学出版社，2018．4

（地方智库报告）

ISBN 978－7－5203－2410－6

Ⅰ．①四… Ⅱ．①中…②中… Ⅲ．①社会主义法制—研究报告—四川—2017 Ⅳ．①D927．71

中国版本图书馆 CIP 数据核字（2018）第 073772 号

出 版 人 赵剑英
责任编辑 喻 苗 马 明
责任校对 周 昊
责任印制 王 超

出 版 中国社会科学出版社
社 址 北京鼓楼西大街甲 158 号
邮 编 100720
网 址 http：//www.csspw.cn
发 行 部 010－84083685
门 市 部 010－84029450
经 销 新华书店及其他书店

印 刷 北京君升印刷有限公司
装 订 廊坊市广阳区广增装订厂
版 次 2018 年 4 月第 1 版
印 次 2018 年 4 月第 1 次印刷

开 本 787×1092 1/16
印 张 12．5
字 数 156 千字
定 价 56．00 元

凡购买中国社会科学出版社图书，如有质量问题请与本社营销中心联系调换
电话：010－84083683

项目组负责人：

田　禾　中国社会科学院国家法治指数研究中心主任，法学研究所研究员、法治指数创新工程项目组首席研究员

吕艳滨　中国社会科学院国家法治指数研究中心副主任，法学研究所法治国情调查研究室主任、研究员

项目组成员：

王小梅　栗燕杰　徐　斌　刘雁鹏　胡昌明　王祎茗
田纯才　赵千羚　刘　迪　王　洋　冯迎迎　王昱翰
葛　冰　宋君杰　王　展　毛宇翔　胥　文　黄恩浩
刘　颖　郭　睿　邵玉雯

主要执笔人：

田　禾　中国社会科学院法学研究所研究员
吕艳滨　中国社会科学院法学研究所研究员
栗燕杰　中国社会科学院法学研究所副研究员
徐　斌　中国社会科学院法学研究所助理研究员
胡昌明　中国社会科学院法学研究所助理研究员
王祎茗　中国社会科学院法学研究所助理研究员
刘雁鹏　中国社会科学院法学研究所助理研究员
赵千羚　中国社会科学院法学研究所研究助理
刘　迪　中国社会科学院法学研究所研究助理
王昱翰　中国社会科学院法学研究所研究助理
宋君杰　北京市平谷区人民法院法官助理

目　　录

第一篇　评估概况

第二篇 依法执政

第三篇 人大建设

第四篇 依法行政

第五篇 政务公开

第六篇　司法建设

第七篇　社会法治

第一篇　评估概况

一　评估背景

党的十九大报告提出："全面依法治国是中国特色社会主义的本质要求和重要保障。"而开展法治评估，客观评价法治建设成效对于全面依法治国至关重要。党的十八届三中全会通过的《中共中央关于全面深化改革若干重大问题的决定》提出"建立科学的法治建设指标体系和考核标准"。党的十八届四中全会通过的《中共中央关于全面推进依法治国若干重大问题的决定》明确提出："把法治建设成效作为衡量各级领导班子和领导干部工作实绩重要内容，纳入政绩评价指标体系"。《四川省依法治省纲要》强调"将依法治省工作纳入各地、各部门绩效目标考核内容，并将考核情况作为各级领导班子和领导干部考核和年度述职述廉报告的重要内容"，提出建立完善党内法规、立法项目、行政决策、普法教育等系列评估制度。《四川省依法治省 2017 年工作要点》强调"把法治建设成效作为衡量各级领导班子和领导干部工作实绩的重要内容，纳入政绩考核指标体系，建立法治建设成效考评制度"，要求构建党内法规实施效果评估、争议较大立法事项的第三方评估、行政决策风险评估、社会稳定风险评估等制度。

2018 年，受四川省依法治省领导小组办公室委托，中国社会科学院国家法治指数研究中心组成项目组再次对四川省下属 21 个设区的市、自治州的法治建设情况进行评估。本次评估，项目组坚持全面贯彻党的十九大和十九届二中、三中全会精神，依据

《四川省依法治省纲要》和《四川省全面深入推进依法治省的决定》的内容，参照《四川省依法治省评价标准》和《四川省法治建设状况评估办法》，按照省委“集中精力抓落实、抓巩固、抓深化提升”工作要求，紧扣法治思维和法治方式、治理体系和治理能力、法治意识和法治习惯三大核心主题，就当前四川法治建设的重点工作、难点问题、关键环节设立评估指标。

二　评估对象、原则及方法

（一）评估对象

本次评估对象为四川省下辖的1个副省级市、17个地级市以及3个自治州，共计21个市（州）[以下统称各市（州）]。

（二）评估原则

1. 依法设定评估指标

法律法规是公权力机关的履职依据，评估法治发展应坚持依法设定评估指标的原则，即所有指标均有法律法规、政策文件等依据或者原则性规定，均经过深思熟虑，征求各方意见反复论证确保合法，在客观上通过评估倒逼评估对象活动更加合法。

2. 定性与定量相结合

法治评估指标的设计，应当坚持定性分析与定量分析相结合的原则，在定性分析的基础上，选取法治建设的重点、难点和关键性、节点性问题，进行定量评估，反映法治建设的整体状况。定性分析能够让地方的法治成效表现得更加客观、直观，方便把握地方法治发展的总体进程；定量分析有助于地方之间的横向比较，促进相互学习与借鉴法治建设成功经验。

3. 第三方主导评估

法治建设是一项系统工程，战线长、任务重、涉及面广、专业性强。第三方评估机构凭借专业优势，深入各部门各领域进行常态化的日常评估，有助于确保科学性、全面性和准确性。引入第三方机构开展评估还可以避免相关部门评估时因身在其中而无法客观发现问题的弊端，更可防止相关部门自说自话、公信力不足的问题。

4. 客观评价

法治评估应当慎用满意度评估，应尽可能使用或挖掘客观数据，以直观反映各地区法治发展的成效与问题。为了最大限度地避免评估人员个人主观判断、个人好恶对评估结果的影响，评估指标的设计力求客观中立，评估人员仅对评估对象进行“有”或“无”的事实判断，不对评估对象做“好”与“坏”的价值判断。

5. 常态化评估

评估立足于评价相关地区和部门的基础性、日常性工作，坚持不提前通知、不提前布置、不做动员、不告知详细评估内容，以避免运动式的评估，防止评估对象为了取得好的评估结果，提前做好各种准备应对评估，导致评估并不一定能客观反映实际工作情况。

6. 突出法治发展重点

法治建设涉及依法执政、人大建设、法治政府、司法建设与社会法治等诸多方面，无论是在内容上还是在要求上都极其复杂。因此，评估指标不可能面面俱到，而是应当选择当前依法执政、人大建设、法治政府、司法建设与社会法治等重要领域中的重点、难点、节点问题作为评估的着力点。

（三）评估方法

评估数据采集方法直接关系到评估结果是否科学有效。为确保评估结果的客观、真实、准确、严谨，评估坚持第三方主导原则，主要采取以下方法获取数据。

1. 网站查询

在高度信息化的现代社会，门户网站是国家机关展示自身工作的重要窗口，也是公众获得政务、司法等官方信息以及与国家机关沟通的重要渠道，以其可以提供“7×24”的不间断服务、效率高、成本低而受到公众的青睐。因此，评估将以市（州）有关部门的门户网站作为获取数据的主要渠道，并考察数据获取的便捷性、网站的友好性等内容。

2. 官方统计数据

评估从官方统计数据中筛选具有法治意义的数据，作为评价法治发展状况的依据。此类数据主要由相关部门公开及提供。但官方统计数据在使用前还须进行必要的验证。

3. 评估对象自报数据

部分评估数据通过各市（州）自报的方式获取，由项目组对自报数据的真实性、准确性和可靠性进行抽查验证。

4. 第三方抽查验证

项目组采用抽查验证的方式，如提出与实际工作相关的业务申请、咨询等，评估相关部门的办事规范化程度。

三　评估指标

本次评估内容设置五大板块，分别为：依法执政（20%）、人大建设（20%）、法治政府（20%）、司法建设（20%）、社会法治（20%）。①

（一）依法执政

依法执政要求党委总揽法治建设全局，通过依法制定大政方针、提出立法建议、推荐重要干部等执政权力的行使，使党的主张经过法定程序上升为国家意志，支持和保证人大、政府、司法机关依法履行职能，最终实现党的正确领导。党的十九大报告指出："必须把党的领导贯彻落实到依法治国全过程和各方面。"党的领导是人民当家作主和依法治国的根本保证，依法执政的主要评估内容包括：关键少数、党内法治建设、从严治党。关键少数的具体评估包括：学法、用法以及保障。党内法治建设情况主要考察依法决策和党务公开。从严治党主要考察领导干部违法违纪、依法履职保护、廉政风险防控。

① 本指标体系版权属于中国社会科学院国家法治指数研究中心，未经同意，不得擅自使用。

（二）人大建设

人民代表大会制度是中国的根本政治制度，是人民行使国家权力的方式。人大建设板块挑选若干人大权能以及人大基本信息作为考察重点，具体包括人大概况、人大立法、人大监督、代表工作4个方面。人大概况主要考察人大的基本情况，包括人大简介和组织机构。人大立法主要考察四川省各市（州）贯彻落实《立法法》及《四川省人民代表大会及其常务委员会立法条例》的情况，设置了立法计划、立法草案、文本公开3个指标。人大监督是宪法和法律赋予各级人大及其常务委员会的一项重要权力。人大监督最大的作用和最直接的效果，就是通过行使监督权，促进“一府两院”依法行政、公正司法，推动经济社会健康快速发展，确保公平正义的实现。在人大监督板块，项目组分别从人大常委会、政府、法院、检察院4个维度对监督工作进行考察。此外，代表工作的开展是人大建设的重要工作之一，人大代表履职的意义在于充分依法行使代表权利，善于把人民的意志转化为国家意志，并通过法定程序把国家意志转化为全体人民的自觉行动，更多更好地体现和维护人民群众的根本利益。项目组根据《代表法》及《关于完善人大代表联系人民群众制度的实施意见》的要求，选择代表名单及介绍、代表履职、工作保障3个指标作为考察重点。

（三）法治政府

法治政府建设要求政府在行使权力履行职责过程中坚持法治原则，严格依法行政，政府的各项权力都在法治轨道上运行。《法治政府建设实施纲要（2015—2020年）》中对法治政府建设提出了具体的要求，中共中央办公厅、国务院办公厅印发的《关于全面推进政务公开工作的意见》对推进透明政府建设提出了更高更具体的要求。法治政府的评估主要包括依法行政和政务公开两个方面。法治政府建设评估主要包括“放管服”、依法决策、责任制、依法行政年度报告、行政执法、复议诉讼以及维护司法权威。政务公开主要包括主动公开和依申请公开。本次评估中，由于政务公开内容较多，独立性较强，故独列一篇。

（四）司法建设

司法是保障人民自由权利、实现社会公平正义的最后一道屏障。司法作为法治的构成要素，其基本功能是借助公共权力对各种法律争端作出最终的权威性裁决。司法功能的实现建立在司法权力正常运转的基础上，为此，《人民法院第四个五年改革纲要(2014—2018)》提出了包括深化法院人事管理改革、健全审判权力运行机制、加大人权司法保护力度等在内的一系列改革目标，保障司法改革平稳有序进行，保证司法机关依法独立行使司法权。

2017 年是人民法院落实“用两到三年时间基本解决执行难”工作的攻坚之年，项目组设置若干指标重点考察四川省各市（州）在推动基本解决执行难方面的各项保障。司法公开是检验和监督司法工作的重要抓手，《中共中央关于全面推进依法治国若干重大问题的决定》提出，“构建开放、动态、透明、便民的阳光司法机制”。最高人民法院和最高人民检察院分别发布了《关于推进司法公开三大平台建设的若干意见》《最高人民法院裁判文书上网公布暂行办法》和《关于全面推进检务公开工作的意见》等一系列司法文件，为司法公开工作提供了标准和要求，同时也为司法公开评估提供了重要依据。

司法建设板块的评估主要包括以下内容：司法改革、破解执行难、司法公开、检务公开。其中司法改革和解决执行难以自报材料为主，主要评估是否建立相关的制度以及制度是否有效落实。而司法公开和检务公开则以门户网站为主要对象展开第三方评估，主要评估审务公开、审判公开、检务指南、统计数据等内容的公开情况。

（五）社会法治

社会法治主要是指整个社会对依法治国的普遍认同和坚决支持，由此养成自觉遵守法律法规，并且通过法律或司法程序解决政治、经济、社会和民事等方面纠纷的习惯和意识。《中共中央关于全面推进依法治国若干重大问题的决定》提出，增强全民法治观念，推进社会法治建设。中共中央宣传部、司法部颁布的《关于在公民中开展法治宣传教育的第七个五年规划（2016—2020年）》对未来五年的普法进行了部署安排并提出了明确要求。

社会法治的评估主要包括：治理体系和治理能力现代化、法治宣传教育与基层依法治理3个板块。其中，治理体系和治理能力现代化主要从矛盾化解、居民参与、依法办事等方面进行评估；法治宣传教育主要从法律七进、普法责任制等方面进行考察；基层依法治理主要从乡村、学校、企业3个维度进行评价。

四 总体结果

党的十九大从政治和全局的高度对深化全面依法治国实践作出了重大决策部署。本次评估增加了党的十九大以来党中央对依法治国的最新安排、国务院对法治政府的最新要求、最高人民法院和最高人民检察院对司法建设的最新标准，故指标难度总体上有所提升，即便如此，四川省各市（州）表现依然非常优异。在依法执政方面，各市（州）党委认真落实党中央、省委的各项要求，使依法执政贯穿党委的每一项工作；在人大建设方面，各市（州）人大充分行使宪法及法律赋予的权力，立法、监督、代表履职等各方面工作有序进行；在法治政府方面，各市（州）将推动依法行政作为政府工作的首要任务，将政务公开作为法治政府建设的重要抓手；在司法建设方面，各市（州）在司法改革、基本解决执行难等方面表现良好，在司法公开方面取得进步；在社会法治方面，各市（州）将维护社会稳定、创新社会治理、强化基层管理作为工作的重点。

项目组通过资料核验、实地考察、网站观察等多种方式对四川省21个市（州）的依法治理情况进行全面的评估，最终评估结果如下（详见表1）。

表1　　2017年四川省依法治省第三方评估结果　　单位：分

排名	市（州）	依法执政（20%）	人大建设（20%）	法治政府（20%）	司法建设（20%）	法治社会（20%）	总分（满分100分）
1	成都	95.10	70.18	97.13	75.54	96.00	86.79
2	乐山	94.20	75.66	84.06	64.72	92.76	82.28
3	雅安	95.50	66.66	85.80	62.94	94.36	81.05
4	遂宁	97.55	58.86	85.01	67.39	94.12	80.59
5	眉山	90.15	62.16	73.44	73.31	93.40	78.49
6	泸州	93.25	51.95	88.07	66.46	91.08	78.16
7	巴中	96.75	58.22	79.71	63.56	90.48	77.74
8	自贡	93.35	47.59	86.11	63.04	94.00	76.82
9	资阳	99.55	50.80	67.44	69.65	95.40	76.57
10	绵阳	86.15	55.24	81.65	66.29	92.84	76.43
11	宜宾	82.55	50.82	83.46	70.40	93.76	76.20
12	广安	88.15	52.42	79.54	65.13	93.72	75.79
13	德阳	94.25	51.07	77.63	62.81	92.48	75.65
14	达州	87.95	41.18	84.48	69.60	94.12	75.47
15	广元	94.90	31.48	89.12	63.61	96.48	75.12
16	南充	90.95	57.59	72.84	56.33	97.40	75.02
17	内江	76.15	55.75	79.77	63.28	96.40	74.27
18	攀枝花	86.45	36.82	81.31	70.95	95.40	74.19
19	阿坝	90.70	37.94	63.59	51.86	97.40	68.30
20	凉山	89.55	29.02	71.82	59.03	91.12	68.11
21	甘孜	75.85	32.54	73.70	59.42	91.68	66.64

总体上，四川省依法治理情况表现出以下特点。

（一）重视规划部署，关键少数引领

党的十九大报告指出："全面依法治国是中国特色社会主义的本质要求和重要保障"，"必须把党的领导贯彻落实到依法治国全过程和各方面"。四川省委严格按照党中央的最新部署，认真将党委领导贯彻到依法治省的各个方面，既重视规划部署，又注重引领关键少数。在规划部署方面，四川从依法执政、地方立法、依法行政、公正司法、社会法治等7个方面对法治四川建设作出了总体规划。在关键少数方面，四川对关键少数履行法治建设第一责任人职责作出具体规定，把法治摆上重要日程来安排、作为重要工作来推动、列入重要目标来考核，用落地生根、抓铁有痕的实际行动展示法治建设的执行力。此外，四川将实践中形成的好经验好做法上升为制度安排，同时由党委统筹开展各类需要攻克的重大难题，坚定不移地将依法治省工作引向深入。

（二）狠抓贯彻落实，工作稳步推进

四川省各市（州）认真落实中央、省委省政府对于法治建设的要求，将法治学习纳入日常生活，将法治思维融入日常工作，将法治理念引入内部管理，将法治精神嵌入改革创新。在学法上，无论是在机关党委还是在社会公众中都形成了积极学法的良好氛围；在工作中，合不合法、有无法律法规依据已经成为党委机关决策工作应当考虑的重要因素；在管理上，科学制定各项管理规范和规则已经成为各市（州）的常态；在改革创新上，于法有据成为市（州）推动改革创新的前置条件。四川省各市（州）做实做强法治工作的专门机构，严格落实党委的有关部署，协调各部门共同推进法治工作，支持政府、司法部门依法履职。四川省各部门高度重视法治工作的考核评价，通过法治档案将个人学法、用法、考法、述法的资料汇总管理，将法治建设情况作为考核干部的重要指标，将法治落实情况作为选拔领导的重要参考。无论是在市（州）层面还是在部门层面，各项法治工作均能够自上而下强力推进，有任务、有分工、有落实、有考核。

（三）突出需求导向，规范管理创新

四川省各市（州）注重在法治框架内因地制宜地解决现实中涌现的各种难题。如面对棘手的医患纠纷，达州市大竹县运用法治思维和法治方式，通过“医—患—政府—社会”共建共治，构建了和谐的医患关系，取得了明显成效；面对劳资纠纷，内江构建立体维权格局，有效破解了工会维权手段单一、乏力的难题，在化解劳资纠纷、发展和谐劳动关系、促进社会稳定中发挥了积极作用；面对科技创新，绵阳始终将法治思维和法治理念贯穿科技创新和军民融合产业发展各环节、各方面，在培育军民融合创新创业生态、壮大军民融合产业集群、促进军民科技协同创新、保障国防事业建设等方面取得了显著成效。上述例证表明各市（州）面对纷繁复杂的社会现实，注重用法治思维创新管理，注重扎根当地实际情况，不搞花架子，在解决实际问题、维护群众合法权益的过程中实现依法治市、依法治省的目标。

（四）宣教多管齐下，入脑入心入行

四川省各市（州）注重将法治建设内化于心、外化于行。在普法方面，各市（州）根据自身情况，不但创造性地将法律七进扩展为法律八进、十进甚至十二进等，而且将法治文化宣传融入日常生活中；有的市（州）组织法治晚会，将法治的内涵和精神通过各种小品、歌曲等形式予以展现，大大提高了公众的接受程度。在法治教育方面，各市（州）重视培养“法律明白人”，让基层群众有了身边的法律智库，不但解决了群众维权不知如何用法的问题，而且在耳濡目染间提高了群众的法治意识。在法治宣传方面，四川善于利用公共设施宣传法治，例如，自贡建设法治文化公园，将法治的精神和内容书写在法治文化公园之中，公众在休息散步的过程中便可以接受法治文化的熏陶。在法治供给上，四川省各市（州）开发互联网 + 律师，无论是城镇居民还是乡村村民，都可以通过手机 App 便捷地获取法律咨询与服务。在关键少数方面，四川重视普法与关键少数的学法考法同步推进，在潜移默化中让法治深入人心，成为关键少数执政、治理的潜意识。

第二篇　依法执政

依法执政是党领导人民长期探索治国之道的历史经验，是党对执政规律认识的科学总结，是加强和改进党对政权机关领导的有效途径。四川省委贯彻习近平总书记关于全面依法治国必须抓住领导干部这个“关键少数”的重要指示，着眼“长期执政、长治久安”两个历史性课题，推动依法治省与制度治党、依规治党统筹推进、一体建设。

近年来，四川省按照中央统一部署，为四川省各市（州）依法执政工作制定了一系列制度与措施。按照中央“三统一、四善于”系统部署，四川省对党委领导和支持人大、政府、政协、法院、检察院依法依章程履职尽责作出规范，出台《关于加强党领导立法工作的实施意见》《四川省法治政府建设实施方案（2016—2020 年）》《四川省领导干部干预司法活动、插手具体案件处理的记录、通报和责任追究实施办法》，对党领导立法、保证执法、支持司法、带头守法作出制度安排。四川省委办公厅围绕加强对依法治省工作的统一领导、统一部署、统筹协调，深化领导体系和推进机制建设，制定《四川省法律顾问团管理办法（试行）》，构建与经济社会发展和法律服务需求相适应的法律顾问制度体系。四川省深刻认识到紧紧抓住领导干部“关键少数”的重要性，制定《关于抓住领导干部“关键少数”全面深入推进依法治省工作落实的意见》，出台《四川省党政主要负责人履行推进法治建设第一责任人职责实施办法》，围绕中心大局推动法治创新创造，对接上级要求联系实际推动落地落实，突出为民取向推动增强群众法治获得感，推动各级党政主要负责人对法治建设重要工作亲自部署、重大问题亲自过问、重点环节亲自协调、重要任务亲自督办，将法治建设与经济社会发展同部署、同推进、同督促、同考核、同奖惩。

此外，四川省落实习近平总书记“全面净化党内政治生态”重要指示，坚持依法治省和依规治党、制度治党一体建设、统筹推进，落实到实际工作中。四川省委出台《四川省贯彻〈中国共产党问责条例〉实施办法》，细化党内问责落实措施；四川省纪委用法治思维和法治方式推进党风廉政建设，出台《关于加强纪检监察法规制度建设的实施意见》，制定《关于纪律审查中提出组织处理建议的工作办法（试行）》，实施《关于加强和改进高等学校纪检组织建设的意见》《四川省高等学校纪委工作规定（试行）》，紧紧抓住脱贫攻坚、生态文明建设、全面从严治党等重大决策，实施精准监督检查。

一　评估概况

2017 年，项目组依据《关于进一步加强领导干部学法用法工作的意见》《关于完善国家工作人员学法用法制度的意见》等中央指示的精神以及上述四川省构建的一系列依法执政制度，对四川省 21 个市（州）的依法执政状况进行评估。评估指标分为 3 个板块：关键少数、党内法治建设、从严治党（具体指标见表 2）。

表 2　依法执政板块指标体系

<table>
<tr><th>二级指标</th><th>三级指标</th><th>四级指标</th></tr>
<tr><td rowspan="8">关键少数（50%）</td><td rowspan="5">学法（40%）</td><td>学习计划（20%）</td></tr>
<tr><td>重大决策前专题学法（20%）</td></tr>
<tr><td>学法考勤（20%）</td></tr>
<tr><td>学法档案（20%）</td></tr>
<tr><td>晋职培训（20%）</td></tr>
<tr><td rowspan="3">用法（30%）</td><td>是否聘用法律顾问（40%）</td></tr>
<tr><td>是否建立重大决策责任倒查机制（30%）</td></tr>
<tr><td>是否建立终身追究制度（30%）</td></tr>
</table>

续表

<table>
<tr><th>二级指标</th><th>三级指标</th><th colspan="2">四级指标</th></tr>
<tr><td rowspan="6"></td><td rowspan="6">保障（30%）</td><td colspan="2">设立专门机构（30%）</td></tr>
<tr><td colspan="2">法律考试（30%）</td></tr>
<tr><td colspan="2">年度考核（20%）</td></tr>
<tr><td rowspan="3">述法报告（20%）</td><td>是否与往年报告重复（10%）</td></tr>
<tr><td>是否与本部门工作相关（50%）</td></tr>
<tr><td>是否有党政主要负责人履行推进法治建设第一责任人情况（40%）</td></tr>
<tr><td rowspan="12">党内法治建设（40%）</td><td rowspan="4">依法决策（40%）</td><td colspan="2">是否进行合法性审查（30%）</td></tr>
<tr><td colspan="2">是否落实专家论证制度（20%）</td></tr>
<tr><td colspan="2">是否进行社会风险评估（30%）</td></tr>
<tr><td colspan="2">是否就决策进行集体讨论（20%）</td></tr>
<tr><td rowspan="8">党务公开（60%）</td><td rowspan="4">公开目录（30%）</td><td>公开的内容（25%）</td></tr>
<tr><td>公开的方式（25%）</td></tr>
<tr><td>公开的范围（25%）</td></tr>
<tr><td>公开的时限（25%）</td></tr>
<tr><td rowspan="2">考核监督（40%）</td><td>年度考核中是否涉及党务公开（50%）</td></tr>
<tr><td>党建考核中是否涉及党务公开（50%）</td></tr>
<tr><td rowspan="2">归档管理（30%）</td><td>是否有党务公开档案（50%）</td></tr>
<tr><td>党务公开内容是否齐备（50%）</td></tr>
</table>

续表

二级指标	三级指标	四级指标
从严治党（10%）	违法违纪（20%）	2017 年是否存在违法违纪（100%）
	廉政风险防控（40%）	是否有廉政风险防控的制度建设（100%）
	依法履职保护（40%）	容错纠错机制完善和落实情况（50%）
		用法治手段保护干部积极性（50%）

关键少数板块的评估围绕领导干部的法治思维主要分为学法、用法和保障。学法、用法的目的是提高领导干部科学决策、民主决策、依法决策的知识储备，形成所需的法治思维。学法指标主要包括学习计划、重大决策前专题学法、学法考勤、学法档案、晋职培训。用法指标选取了是否聘用法律顾问、是否建立重大决策责任倒查机制、是否建立终身追究制度。2017 年的用法指标着重聚焦建立重大决策责任倒查机制和建立终身追究制度方面。保障指标选择了设立专门机构、法律考试、年度考核、述法报告 4 项内容。述法报告是各地领导干部学法、用法的重要载体与考评依据。本年度重点考评了述法报告的内容，将其进一步细化为是否与往年报告重复、是否与本部门工作相关、是否有党政主要负责人履行推进法治建设第一责任人情况。

党内法治建设板块是本年度考评新设立的指标，其主要内容是将四川省法治建设的重点与当前依法治国的前沿领域结合在一起。该板块主要分为依法决策与党务公开两个指标。按照党委决策的相关制度，依法决策考察的是是否进行合法性审查、是否落实专家论证制度、是否进行社会风险评估、是否就决策进行集体讨论。党务公开指标考察的是公开目录、考核监督、归档管理。公开目录主要考察公开的内容、方式、范围和时限。考核监督考察的是年度考核中是否涉及党务公开、党建考核中是否涉及党务公开。归档管理考察的是是否有党务公开档案、党务公开内容是否齐备。

从严治党板块包括违法违纪、廉政风险防控、依法履职保护。违法违纪板块以一票否决的形式考察2017年各市（州）是否存在违法违纪。廉政风险防控考察是否有廉政风险防控的制度建设。依法履职保护主要考察容错纠错机制完善和落实情况，以及用法治手段保护干部积极性。

为慎重起见，评估人员在各市（州）提交的评估材料中无法找到相关文件的，都会通过网络信息搜索的方式进行复查和验证。四川省各市（州）的总分与各项分数排名如表3所示。

表3　**四川省各市（州）依法执政板块评估结果**　单位：分

排名	市（州）	关键少数（50%）	党内法治建设（40%）	从严治党（10%）	总分（满分100分）
1	资阳	99.10	100	100	99.55
2	遂宁	99.10	100	80.00	97.55
3	巴中	97.50	100	80.00	96.75
4	雅安	91.00	100	100	95.50
5	成都	94.20	100	80.00	95.10
6	广元	94.60	94.00	100	94.90
7	德阳	95.70	96.00	80.00	94.25
8	乐山	88.40	100	100	94.20
9	自贡	95.50	94.00	80.00	93.35
10	泸州	93.70	96.00	80.00	93.25
11	南充	95.50	88.00	80.00	90.95
12	阿坝州	88.60	96.00	80.00	90.70
13	眉山	84.30	100	80.00	90.15
14	凉山州	79.10	100	100	89.55
15	广安	85.10	94.00	80.00	88.15

续表

排名	市（州）	关键少数（50%）	党内法治建设（40%）	从严治党（10%）	总分（满分100分）
16	达州	79.90	100	80.00	87.95
17	攀枝花	89.70	84.00	80.00	86.45
18	绵阳	95.50	76.00	80.00	86.15
19	宜宾	95.50	67.00	80.00	82.55
20	内江	91.50	51.00	100	76.15
21	甘孜	87.70	60.00	80.00	75.85

二　亮点与创新

习近平总书记在党的十九大报告中指出："增强依法执政本领，加快形成覆盖党的领导和党的建设各方面的党内法规制度体系，加强和改善对国家政权机关的领导。"这意味着在新时代，党的依法执政工作将聚焦在党内法规制度的建设上，即中央与地方党委将继续完善党内法规制度体系。党的十九大报告强调了从严治党和依规治党的统一，将党的建设与党的执政一同放在了法治的框架中展开，这就不仅要求领导干部学法、用法、考法，还要求"关键少数"能够真正具备法治思维，以法治方式来提升依法执政的效率和效果。由此，依法执政在四川的展开主要是从两方面着手，一是围绕领导干部开展的一系列法治思维培养与考核；二是四川省各市（州）党政部门依法执政的相关重要制度配备与措施完备度。评估发现，2017 年四川省依法执政的亮点有以下几方面。

（一）学法用法全面覆盖，法律考试分门别类

与 2016 年的评估结果相比，2017 年四川省各市（州）普遍建立起了领导干部学法、用法以及考法的相关制度机制，取得了长足的进步。在学法方面，四川省各市（州）普遍建立了会前学法制度，每次召开会议之前都会选择一部与会议相关的法律法规进行学习，有时还会邀请相关实务部门的专家、理论界的学者就

法律法规进行讲解。在学习内容上，四川省各市（州）会选择若干与会议议题高度相关的内容。例如，巴中市委常委会2017年8月23日召开的四届市委常务委员会第26次会议，在研究社会治理、经济发展、环境保护等议题前，专题学习了《环境保护法》。事实上，四川省各市（州）在学法内容上也有较大进步，以往除了党章党规之外基本不学习法律法规，2017年评估中发现，四川省各市（州）除了学习中央政策、党章党规之外，对于法律法规的学习比重在逐渐增加。

2016年评估指出学法用法考法没有区分度，在2017年评估中这一现象有所改善。评估发现，部分市（州）在考法上分门别类，按照不同部门和不同职责选择法律试题。例如，成都市在推动考法制度上，按照执法部门、综合部门、审批部门等多种分类分别进行法律法规考试，考试试题在内容选择上也有所区别。法律考试是检验学法的重要方式，也是督促领导干部认真学法的重要抓手。分门别类设置法律法规试题，使领导干部在学法过程中区分重点，学有所长。

（二）学法考勤有效实施，法治档案充分运用

顺应新时代的要求，领导干部带头学法尊法、守法用法是法治建设紧抓“关键少数”的题中应有之义。这就要求领导干部不仅在学法用法上辅助以措施，还应当建立相关的考评督促机制。在学法考评措施上，2017年度，四川省各市（州）全部配备了学法考勤措施。学法考勤结果不仅人人可见，而且可发挥其监督实效，长期不参加学法的领导干部还会因此受到通报批评。

在法治档案方面，四川省各市（州）纷纷建立并健全了法治档案管理制度，例如，巴中市委印发《将法治建设纳入干部管理任用工作规定》，要求建立领导干部学法用法守法档案制度，强化领导干部运用法治思维和法治方式化解矛盾、推进工作，按照

“一人一档”原则建立领导干部法治档案，把科级以上干部学习法律法规、学法培训年度不少于40学时，依法决策、依法办事、依法履职、遵章守纪、任前法律考试、年度法律考试、开展法治宣讲、离任法治审计结果和遵守“八项规定”等学法、用法、守法情况记入个人档案。同时领导干部个人的法治档案成为提拔任免的重要依据之一，故学法档案制度的有效应用取得了不俗的成效，四川省各市（州）的领导干部学法热情空前高涨，从“要我学法”逐步变成了“我要学法”。例如，2017年资阳市的学法档案显示，书记带头贯彻执行中央、省委党内法规制度及市委规章制度和国家法律规定，结合市委重点工作推进和本职岗位需要，有针对性地自学了《领导干部报告个人有关事项规定》《党政主要领导干部和国有企业领导人员经济责任审计规定》等法规文件。

（三）加强党内法规建设，落实备案审查机制

为了加强党内法规建设，四川省委一方面制定相关的条例和办法，例如，四川省委办公厅贯彻《中国共产党党内法规制定条例》，制定《四川省党内法规制定办法》《四川省党内规范性文件备案办法》，印发《省委党内法规和规范性文件合法性审查办法（试行）》，起草《关于建立健全法规、规章和规范性文件备案审查衔接联动机制的实施意见》。另一方面，四川省对党内法规制度进行了有效的梳理。2017年，四川省摸底梳理现行有效的省委党内法规制度106件，编制《2017年省委党内法规和规范性文件制定计划》，2017年计划完成率达80%。此外，四川省研究拟制《省委党内法规实施评估办法（试行）》，建立健全长效机制、坚持及时报备、规范报备。2017年四川省委办公厅向中共中央办公厅上报备案省委党内法规和规范性文件75件，选择8个县继续开展直报工作，审查各地、各部门报备的党内规范性文件

1302件，其中纠正19件、书面提醒17件、电话提示33件。四川省委对于党内法规的制定和梳理，为四川省各市（州）的党建工作提供了制度依据和根本遵循，各市（州）参照四川省党内法规认真履行党委职责，推动了地方党委工作的法治化进程。

切实推进依法决策不仅可以增进决策规范化和法治化，有效规范和约束行政决策权，而且还对促进依法执政和法治政府的整体执政与行政行为规范化和法治化具有非常重要的意义。评估显示，四川省各市（州）依法决策表现优异，所有市（州）均建立了依法决策的体制机制，大部分市（州）每年还会就重大决策开展合法性审查、风险评估和专家论证。例如，宜宾市提交的材料中详细列举了市委办政策法规科合法性审查综合意见。一些合法性审查意见发挥了实效，如宜宾市对《中共宜宾市委、宜宾市人民政府关于加快建设现代服务业强市的意见（送审稿）》进行了审查，发现该送审稿第五点第二十条"本意见由市商务局会同相关部门负责解释"的表述与《中国共产党党内法规解释工作规定》中"党内规范性文件应按照'谁制定谁解释'的原则确定解释权属，不宜授权工作部门进行解释"的要求不相符，建议删除该内容。

（四）狠抓全面从严治党，净化政治生态环境

在从严治党方面，四川省根据中央全面从严治党的战略部署，做出《中共四川省委关于坚持思想建党与制度治党紧密结合全面推进从严治党的决定》《严守政治纪律严明政治规矩加强领导班子思想政治建设的十项规定》和《关于进一步严肃党内政治生活巩固发展良好政治生态的若干措施》。

在此基础上，2017年四川省狠抓脱贫攻坚、生态文明建设、全面从严治党等重大决策，实施精准监督检查，查处扶贫领域问题1428件，给予党纪政纪处分1916人，对中央环境保护督查组

移交问题线索规范处置，问责 1293 人，给予党纪政纪处分 341 人。四川省严肃换届纪律，围绕选举党的十九大、省第十一次党代会代表选举严把政治关、廉洁关，四川省纪委对初步人选出具党风廉政意见 733 人次，“叫停” 4 人，积极做好省第十一次党代会会风会纪监督，向 27 个代表团和 5 个列席组派驻风气监督员，对 860 名党代表和 10 名特邀代表全覆盖开展谈心谈话，确保党代会风清气正。四川省持之以恒正风肃纪，查处违反中央八项规定和省委省政府十项规定精神问题 1261 件，给予党纪政纪处分 1345 人。重拳整治基层“微腐败”，出台《关于整治群众身边的不正之风和腐败问题若干措施的通知》，集中力量开展 3 个月专项整治，查处群众身边的不正之风和腐败问题 5488 件，给予党纪政纪处分 6809 人。积极用好“四种形态”，全省运用“四种形态”处理 42970 人，“四种形态”占比分别为 54.2%、36.6%、4.9%、4.3%，全省谈话函询 25321 件次。

在治理微腐败方面，泸州市出台《泸州市整治群众身边“微腐败”十六条措施》，集中整治群众身边不正之风和腐败问题。乐山市开展监察体制改革试点。宜宾市出台《宜宾市加强党内监督十项措施》，分层分类细化制定党委主体责任、书记第一责任、班子成员分管责任、纪委专责监督责任等 8 类责任清单。南充市建立廉政风险防控“三三三”工作机制，开办《阳光问政》节目，加强廉政监督执纪问责，集中开展年度机关干部法纪知识考试，在全市设 1039 个考场，31400 人参与考试，实现市、县、乡三级全覆盖，成绩纳入干部法纪档案和年度考核。

评估显示，在依法履职保障的制度建设方面，成都市建立了相关的创新制度。容错纠错机制完善和落实过程中，成都市根据“三个区分开展”要求，出台《关于建立容错纠错机制进一步保护干部干事创业积极性的实施办法（试行）》（成委办〔2017〕37 号），最大限度地保护广大干部改革创新、锐意进取、敢为善成工作积极性。用法治手段保护干部积极性方面，成都市坚持层层设防、严明纪律，在严惩突破底线的干部的同时，咬耳扯袖、红脸出汗，及时提醒挽救干部。2017 年，全市纪检监察机关运用“四种形态”处理 6970 人次，其中运用第一种形态批评教育、谈话函询 3807 人次，占 54.62%；第二种形态纪律轻处分、组织调整 2351 人次，占 33.73%；第三种形态纪律重处分、重大职务调整 396 人次，占 5.68%；第四种形态严重违纪涉嫌违法立案审查 416 人次，占 5.97%，体现了“惩前毖后、治病救人”的一贯方针。

三　发现的主要问题

评估显示，四川省各市（州）在依法执政方面的建设还存在以下问题。

（一）学法计划存在遗漏，个人述法内容薄弱

学法计划是保障市（州）党委学法顺利进行的有效措施，通过学法计划的制定，党委会清楚地知晓每段时间的学习重点，学法质量会有所提升。评估发现，部分市（州）学法计划存在遗漏，只规定了部分月份的学法内容，未能覆盖全年。例如，德阳市的学法计划仅能覆盖若干月份，并没有覆盖全年。再如，乐山市学法计划仅有 4 月、6 月、8 月、12 月有学法内容。有的市（州）学法计划发布时间过晚，并不是年前发布或者年初发布，而是等到了年中才匆匆发布全年的学法计划。例如，攀枝花市于 2017 年 8 月发布了全年的学法计划。有的市（州）学法计划所列内容过于单一，内容上除了党中央的最新文件之外，就只有宪法性法律。例如，凉山州学法计划仍然局限于过往的传统文件学习，并未真正围绕法律法规展开专题性的法治学习。

领导干部述法是对一段时间内学法用法情况的总结和汇报，通过述法能够发现在法治思维上的不足、在法学理论上的欠缺、在法律运用上的困惑。项目组设置述法报告指标意在考察述法内容的全面性。但评估发现，部分市（州）的述法报告法治内容淡

薄，大谈特谈一年的工作情况以及今后的努力方向，对于学法用法情况基本是一笔带过。例如，阿坝州提供的述法报告中学法用法内容寥寥无几。

（二）法律顾问聘用断档，法律考试内容较少

法律顾问全覆盖是四川省法治建设的一个重点与亮点项目，也取得了很不错的成效。2017 年评估发现，各市（州）仍然坚持完善法律顾问制度，法律顾问为市（州）法治发展作出了积极贡献。但有的市（州）因为常年使用固定的法律顾问团队，聘用到期并未及时续聘，出现了法律顾问断档。例如，广元市法律顾问第一届聘期为 2015 年 10 月 1 日至 2017 年 9 月 30 日。而第二届法律顾问的招聘决策中，中共广元市委办公室、广元市人民政府办公室《关于组建第二届广元市委市政府法律顾问团的通知》于 2017 年 12 月 25 日才印发，这期间显然存在法律顾问聘用的断档期。还有个别市（州）在法律顾问制度上并未做到程序规范、公开、透明。如雅安市从 2014 年开始实施法律顾问聘用制度，但是未设置顾问的轮换机制，一直到 2017 年的四年间，这些法律顾问并未发生较大变化。

四川省各市（州）在选拔或考核干部时，会对干部理论水平、法律水平进行测验和考试，但是从评估反馈的结果来看，部分市（州）理论水平考试法律内容较少，占比不足 5%，不利于领导干部主动学法用法，更不利于领导干部依法执政、依法行政。

（三）责任倒查不够全面，终身追究未能覆盖

与往年相比，2017 年的四川省各市（州）积极建设重大决策倒查机制，出台了许多的文件。例如，《泸州市重大决策责任

追究办法》规定了倒查机制和终身追究制度。但是，相关的建设并未达到三个全覆盖。一是市（州）未全覆盖。在提交的材料中，仍然有一些市（州）未提供任何有关重大决策倒查的任何文件，如内江市、雅安市、阿坝、凉山。二是工作未全覆盖。一些市（州）提交的材料只是局限于在某些工作领域建立重大决策倒查机制，例如绵阳市提供的《绵阳市信访工作责任倒查实施办法》只是局限于某一特殊工作领域。三是党政未全覆盖。一些市（州）只是提供了政府部门的重大决策倒查机制。例如，甘孜州和达州市提供的制度文件仅仅涉及政府，党委作出的重大决策无法追究责任。

终身追究制度与重大决策倒查机制常常在同一文件中一同规定，但是四川省各市（州）在推进终身追究制度上并不理想。21个市（州）中只有南充市、宜宾市、泸州市等少数市（州）在重大决策制度中建立了有针对性的终身追究机制，其他市（州）或是没有建立相关的制度，或是将相关措施建立在其他制度中，如《中共遂宁市委关于健全党委（党组）领导班子内部运行机制的意见》（以下简称《遂宁意见》）。在《遂宁意见》的附件7中列上了《党委（党组）决策责任追究制度》。该制度列举了6种情形下追究决策者责任。少数市（州）单独建立了终身追究制度，如《绵阳市防治和查处违法建设责任追究暂行办法》。

（四）人员编制捉襟见肘，掣肘法治工作运转

本次评估对各市（州）法治建设保障机构的建立情况进行了调查。结果显示，四川21个市（州）建立了专门机构与行政编制，以保障依法治市工作顺利进行。但是专门机构的行政编制却远远低于工作需求。依法治市领导小组或者依法治市办的主要功能是统筹协调全市的依法治理工作，既要负责上传下达，又要负责推动各项法治工作。评估数据显示，四川21个市（州）依法

治市编制均略显单薄，平均每个市（州）仅有4—6个正式编制。对此，各个市（州）结合实际情况，采取多种方式解决编制不足的问题。部分市（州）不得不长期借调司法局、法制办、公安局、法院、检察院的工作人员，借助他们的力量处理全市的依法治理推进工作。有的市（州）则采取了使用事业编制和事业工勤人员等灵活的方式来提高依法治市的工作效率，以德阳市为例，德阳依法治市办仅有4个编制，其中主任1名，副主任1名，2名工作人员，德阳不得不通过借调或使用事业编制和事业工勤人员等方式补充人员至10人。

四　完善建议

坚持依法执政、提高依法执政水平，需要一套科学有效、系统完备的工作机制来保障。否则，依法执政很容易停留于一般号召，很容易受制于领导者个人认识和重视程度，很难真正落实到具体执政实践中。建议从以下 4 个方面着手健全依法执政的工作机制。

（一）抓好顶层设计，兼顾地方差异

中共中央 2018 年 3 月印发《深化党和国家机构改革方案》提出："全面依法治国是中国特色社会主义的本质要求和重要保障。为加强党中央对法治中国建设的集中统一领导，健全党领导全面依法治国的制度和工作机制，更好落实全面依法治国基本方略，组建中央全面依法治国委员会，负责全面依法治国的顶层设计、总体布局、统筹协调、整体推进、督促落实，作为党中央决策议事协调机构。"

对于四川省而言，应当完善党领导立法、保证执法、支持司法、带头守法的工作制度，完善依法治省工作的统筹协调。依法治省在四川已经有了丰富的实践经验，如何将目前的体制机制与新机构进行对接协调是未来四川法治的首要任务。在统筹全局的基础上，四川省的依法执政工作还应当着重强调地方差异，特别是民族地区差异、工业城市与农业城市差异等。

（二）紧抓关键少数，落实配套制度

把党的领导贯彻到依法治国全过程和各方面，是中国社会主义法治建设的一条基本经验。四川省应当加强和改善党委对政权机关的领导，支持人大、政府、政协和法院、检察院依法依章程履行职能、开展工作、发挥作用。党委除了定期听取各政法部门的工作报告之外，还应当进一步推进和完善各级党政主要负责人履行推进法治建设第一责任人的职责，使其全面负责本地区的法治建设工作。应考虑出台《省委常委会带头增强法治观念深化法治实践意见》，继续抓好依法治省工作中的“关键少数”，同时制定《党政主要负责人履行推进法治建设第一责任人职责年度述法工作方案》，建立完善年度述法工作制度。同时，各市（州）应当尽快出台针对党委重大决策的责任追究办法，将党的领导工作制度化法治化。

（三）健全党内法规，提升执政能力

党的十八大以来，以习近平同志为核心的党中央高度重视制度治党、依规治党，并将依规治党和依法治国作为依法执政的车之两轮、鸟之双翼。其中，四川省应加快形成覆盖党的领导和党的建设各方面的党内法规制度体系，制定贯彻中央党务公开条例的实施方案，深化党内法规执行后评估工作，组建四川省法律顾问团。开展法律顾问工作有助于四川省不断提升依法执政能力水平，为推进治理体系和治理能力现代化提供有力的制度保障。法律顾问工作的开展应当围绕聘请什么人、任期的长短以及工作的保密性质等方面进一步健全法律顾问机制。

（四）全面从严治党，加强思想建党

全面从严治党是党的十八大以来党中央作出的重大战略部署，是“四个全面”战略布局的重要组成部分。习近平总书记在党的十九大报告中指出，坚持全面从严治党，必须以党章为根本遵循，把党的政治建设摆在首位，思想建党和制度治党同向发力。在全面从严治党的原则下，应当把党的政治建设摆在首位，确保政治立场、政治方向、政治原则、政治道路同党中央保持高度一致。思想建党和制度治党是全面从严治党的两个方面，建立思想建党制度治党同向发力、依法治省依规治党有机统一的工作机制。学法、用法等制度建设的目标是，除了培养领导干部的法治思维外，还应当结合思想建党的主要内容，将法治与党建融合在一起，形成统一的价值观与人生观。特别是在领导干部作风、生活规范问题上，思想建党的一系列举措应当逐步细化为具体的长效机制。

第三篇　人大建设

一　评估概况

党的十九大报告指出："发挥人大及其常委会在立法工作中的主导作用，健全人大组织制度和工作制度，支持和保证人大依法行使立法权、监督权、决定权、任免权，更好发挥人大代表作用，使各级人大及其常委会成为全面担负起宪法法律赋予的各项职责的工作机关，成为同人民群众保持密切联系的代表机关。"

本次评估以透明度为抓手，重点考察市（州）人大及其常委会的立法权、监督权及代表工作的贯彻落实情况，在指标设计上项目组根据《宪法》《立法法》《代表法》《监督法》等法律，以及《四川省人民代表大会及其常务委员会立法条例》《四川省各级人民代表大会常务委员会监督条例》等地方性法规设计了指标。例如，年度立法计划公开是《立法法》《四川省人民代表大会及其常务委员会立法条例》的明确要求。

人大建设板块共分为人大概况、人大立法、人大监督、人大代表4个二级指标。人大概况主要考察人大简介和组织机构情况；人大立法通过立法计划、立法草案、文本公开考察各市（州）科学立法、民主立法情况；人大监督主要通过工作报告及审议情况、执法检查、专题询问等内容了解人大对人大常委会、政府、法院、检察院等工作的监督状况；人大代表主要考察代表名单及介绍、代表履职、工作保障（具体指标见表4）。

表 4 **人大建设板块指标体系**

<table>
<tr><th>二级指标</th><th>三级指标</th><th colspan="2">四级指标</th></tr>
<tr><td rowspan="5">人大概况
（10%）</td><td rowspan="2">人大简介
（50%）</td><td colspan="2">是否公开了职权范围（50%）</td></tr>
<tr><td colspan="2">是否公开了领导的简历（50%）</td></tr>
<tr><td rowspan="3">组织机构
（50%）</td><td colspan="2">是否公开了所有工作人员的名单（30%）</td></tr>
<tr><td colspan="2">是否公开了各个工作部门的工作职责（30%）</td></tr>
<tr><td colspan="2">是否公开了各个工作部门的联系方式（40%）</td></tr>
<tr><td rowspan="10">人大立法
（30%）</td><td rowspan="2">立法计划
（20%）</td><td colspan="2">是否公开了立法计划（50%）</td></tr>
<tr><td colspan="2">是否公开了立法计划实施情况（50%）</td></tr>
<tr><td rowspan="5">立法草案
（40%）</td><td colspan="2">是否公布了立法草案（20%）</td></tr>
<tr><td colspan="2">是否公布了立法草案的起草说明（20%）</td></tr>
<tr><td colspan="2">是否公布了立法草案的修改说明（20%）</td></tr>
<tr><td colspan="2">征求意见的时间是否少于 30 日（20%）</td></tr>
<tr><td colspan="2">是否有建议渠道或公布了建议渠道（20%）</td></tr>
<tr><td rowspan="3">文本公开
（40%）</td><td colspan="2">是否公开了所有的立法文本（40%）</td></tr>
<tr><td colspan="2">所公开的文本中是否有已经失效的文本（40%）</td></tr>
<tr><td colspan="2">所公开的文本是否是最新修改的文本（20%）</td></tr>
<tr><td rowspan="5">人大监督
（30%）</td><td rowspan="5">人大常委会
（40%）</td><td rowspan="2">年度工作报告
（40%）</td><td>是否有年度工作报告（50%）</td></tr>
<tr><td>年度工作报告是否公开（50%）</td></tr>
<tr><td rowspan="2">执法检查
（40%）</td><td>执法检查计划公开（50%）</td></tr>
<tr><td>执法检查报告公开（50%）</td></tr>
<tr><td>专题询问
（20%）</td><td>是否开展了专题询问（100%）</td></tr>
</table>

续表

二级指标	三级指标	四级指标
	政府（20%）	政府工作报告（50%）
		常委会审议意见（50%）
	法院（20%）	法院工作报告（50%）
		常委会审议意见（50%）
	检察院（20%）	法院工作报告（50%）
		常委会审议意见（50%）
人大代表（30%）	代表名单及介绍（20%）	有无代表名单（20%）
		有无代表基本信息介绍（性别、民族、年龄）（40%）
		有无代表工作单位介绍（40%）
	代表履职（40%）	有无公开代表议案建议（40%）
		有无代表工作动态（20%）
		有无代表建议、批评和意见办理情况的报告（40%）
	工作保障（40%）	列席常委会的代表占全体代表的比例（40%）
		代表人均活动经费（40%）
		基层联络点数量（20%）

表5　**人大建设板块评估结果**　单位：分

排名	市（州）	人大概况（10%）	人大立法（30%）	人大监督（30%）	人大代表（30%）	总分（满分100分）
1	乐山	15.00	90.00	62.00	95.20	75.66
2	成都	85.00	48.00	80.00	77.60	70.18
3	雅安	15.00	70.00	92.00	55.20	66.66
4	眉山	30.00	50.00	100	47.20	62.16
5	遂宁	15.00	70.00	46.00	75.20	58.86

续表

排名	市（州）	人大概况（10%）	人大立法（30%）	人大监督（30%）	人大代表（30%）	总分（满分100分）
6	巴中	65.00	56.00	62.00	54.40	58.22
7	南充	27.50	60.00	62.00	60.80	57.59
8	内江	47.50	60.00	46.00	64.00	55.75
9	绵阳	40.00	70.00	48.00	52.80	55.24
10	广安	55.00	44.00	70.00	42.40	52.42
11	泸州	27.50	74.00	38.00	52.00	51.95
12	德阳	47.50	70.00	38.00	46.40	51.07
13	宜宾	15.00	90.00	8.00	66.40	50.82
14	资阳	40.00	60.00	48.00	48.00	50.80
15	自贡	47.50	40.00	62.00	40.80	47.59
16	达州	80.00	53.00	8.00	49.60	41.18
17	阿坝	65.00	60.00	0	44.80	37.94
18	攀枝花	40.00	25.00	50.00	34.40	36.82
19	甘孜	65.00	40.00	10.00	36.80	32.54
20	广元	40.00	20.00	30.00	41.60	31.48
21	凉山	25.00	40.00	10.00	38.40	29.02

从已有的评估资料及评估结果来看，四川省各市（州）人大建设基本情况如下。

第一，人大建设情况总体较好。四川省各市（州）人大及人大常委会基本遵循法律、法规的要求，充分利用人大权能，积极完成立法、监督、选举、罢免、重大事项决策及代表工作。在立法方面，四川省各市（州）首先制定了地方立法的具体规则，保障科学立法、民主立法、依法立法；在监督方面，四川省各市（州）通过执法检查、专题询问、专项督查等多种方式督促政府依法行政、法院检察院公正司法；在选举方面，四川省各市（州）将2015年“南充贿选案”作为反面典型，坚决杜绝类似事件再次发生，保障选举的合法性和有效性；在重大事项决策方面，人大及其常委会通过审议批准工作报告及重大决策，保障决策科学合理。

第二，市（州）之间表现并不均衡。评估结果显示，本板块最高分达到75.66分，最低分仅为29.02分，平均分为51.14分，各市（州）之间的表现差距较大。由于本次评估选择的指标体系多数为《宪法》《立法法》《代表法》等法律规定的内容，市（州）之间评估差距如此之大，一方面是由于四川省各市（州）人大建设发展不均衡，有的市（州）人大工作开展较好，无论是人大立法工作，还是人大监督工作，抑或是人大代表工作都落在实处，严格按照法律法规的要求征求意见、公开执法检查报告；而有的市（州）由于工作方法有缺陷，工作经验不足，对于法律法规规定的职责完成不到位。

第三，市（州）代表工作有序开展。从各个板块的结果来看，人大代表工作平均分最高，达到了53.52分。代表工作是衡量人大及其常委会工作成绩的重要组成部分，四川省各市（州）不断探索和实践提高代表履职能力的新途径，总结代表联系群众的经验做法，建立反映代表意见、服务群众的长效机制，强化代表与人民群众之间的联系。有的市（州）充分利用基层联络点，将选民的意见汇集反馈给人大代表；有的市（州）则运用“互联网+”,实现网上提交议案建议。与此同时，各市（州）的代表工作仍然存在各式各样的问题，有的未完全公开代表名单，有的代表议案建议办理情况不理想，还有的代表活动不够透明。

第四，市（州）监督工作有待提高。从各个板块的结果来看，市（州）人大监督工作板块得分最低，平均分为46.19分。

四川省各市（州）人大监督工作普遍较差，并不是因为人大监督工作没有做，而是很多监督工作开展了，但是没有对外展现。例如，有的市（州）开展了专题询问和执法检查，但是却没有将结果公开在网站上接受公众的监督。监督权作为人大权能的组成部分，是体现人民当家作主的重要体现。市（州）在开展监督工作时，存在重视监督工作开展、轻视监督工作公开的现状，导致很多针对人大常委会、政府、法院和检察院的监督没有体现在网站中，公众亦无法得知工作的最新进展。

第五，地方立法质效有待提升。《立法法》修改之后，四川21个市（州）均有资格制定地方性法规。四川省各市（州）通过制定科学的立法规划和年度立法计划安排立法项目，通过召开听证会、论证会提高立法的民主性，通过向省内立法专家及法学学者征求意见提高立法的科学性。对于立法经验不足的市（州）而言，立法工作刚刚走向正轨，在开门立法的细节上略显不足。例如，有的市（州）并没有在人大常委会网站中公开征求法规草案意见，而是通过当地报纸、电视传媒等方式公开法规草案，这样来自市（州）外的专家、学者就无法针对法规草案提供有益的意见。

二　亮点与创新

人民代表大会制度是依法治国的根基，人大建设是全面依法治国的重要内容。四川省各市（州）在推动人大建设方面，有诸多亮点与创新，有利于推动四川甚至全国市（州）人大建设迈向新的台阶。

（一）探索互联网+人大

随着大数据、“互联网+”的广泛应用，人大建设也逐步走向数字化、信息化道路。信息化对人大建设和发展的影响是深刻且彻底的。首先，人大工作方式发生了改变。以往人大工作采取汇报、调研、走访、座谈等工作方式；在信息化时代，大数据分析、网络化管理等方式的介入，大大缩短了调研需要耗费的精力和时间，提高了工作效率。其次，交流方式发生了改变。以往人大代表联系选民需要通过座谈会、沟通会、交流会等方式，这些形式的沟通耗时耗力，受到场所和时间的限制；现如今技术的发展让直接沟通和交流变得便捷且容易，人大代表仅需在网上沟通就可以了解选民的真实想法。最后，监督方式发生了改变。对于人大常委会的监督，以往主要依靠人民代表大会表决常委会工作报告、在信息化时代，人大常委会及常委会各部门的工作情况、日常状态均能够体现在网络平台之中，监督方式也由代表监督逐步转向了全民监督。评估发现，四川在推动互联网+人大建设方面，具有如下亮点。第一，打造“互联网+”代表履职平台。在大数据、“互联网+”日渐普及的背景下，各地纷纷利用网络完善人大建设。在代表履职方面，宜宾、南充等市（州）开发了代表履职平台和代表议案交办系统，将代表工作从线下搬到了线上，方便代表网上履职、网上提交议案。第二，开辟网上互动平台。中国地域广阔，代表和选民之间存在时空成本。在信息化时代，信息传递和交流的成本逐渐降低，选民与代表的沟通方式也由面对面到非接触式沟通，四川部分市（州）人大用好用足互联网平台，群众可以直接通过互联网平台与人大代表及人大常委会委员沟通，大大地节约了信息传递的成本。例如，眉山人大开辟了网上互动交流平台，公众通过该平台直接向人大常委会及常委会各部门反映情况。

（二）推进科学民主立法

立法质量的提升有赖于科学立法和民主立法的贯彻实施。自2015年《立法法》修改之后，四川所有市（州）陆续拥有了立法权，为了保障立法质效，提高立法质量，四川省各市（州）通过科学设置立法计划，公开法规草案，加强法规清理。

第一，科学设置立法计划。立法规划、立法计划是对立法工作进行统筹安排的重要手段，同时也是保障立法科学性的重要方法。通过设置立法计划，可以明确当年的立法重点，集中精力将每一部法律法规和规章打造成为精品。为此，2015年修订后的《立法法》第52条、第66条分别规定了全国人民代表大会常务委员会和国务院的年度立法计划。《四川省人民代表大会及其常务委员会立法条例》设置专章规定立法规划和立法计划。在此方面，有以下亮点值得关注。其一，立法计划编纂及公开制度化。四川部分市（州）非常重视立法计划的作用，相继推出符合自身特色的立法计划并且每年公开。例如，四川省泸州市人大常委会每年年底公开第二年的立法计划，避免了 3 月制定立法计划，12 月就要完成的局面，大大提升了立法计划的可执行性。其二，立法计划征求意见制度化。部分地方为保障立法计划的科学性，还向各个部门和社会公众公开征求意见。例如南充市人大常委会编制立法计划之前，由法工委会同市政府法制办联合发文，向专门委员会、法院、检察院、市政府各部门公开征集立法项目建议，同时在报纸、网站中发布公告，面向社会公开征集。

第二，标注文件有效性。相比于法律、行政法规，地方性法规具有如下特点：一是特殊性。地方性法规的影响力范围仅限于行政区划范围内，其规定的事项不具备法律、法规的一般性；二是细节性。地方性法规的内容比法律、行政法规更加详细，涉及公民生产生活的方方面面；三是直接性。地方性法规对于公民社会的影响更加直接。从上述特点不难得出地方性法规的影响力不弱于法律、行政法规。但是地方性法规的修改频率也较高，除了因外在客观情况变化发生修改外，还有上位法修改导致下位法出现“被抵触”现象需修改的情况。很多地方性法规在法律、行政法规出台后，长达2—5 年未能启动修改程序，导致与上位法抵触的地方性法规长期生效，同时已经修改的地方性法规因未能标注有效性，导致公众不知道法规是否仍然有效。对于已经失效的法规，标注为已经失效。对于失效的法规而言，简单的删除并不合适，这是因为地方性法规即便废止之后，仍然有研究的价值，可以为学者研究地方性法规的发展和演变提供良好的素材。同时，失效的地方性法规在生效时影响了群众的各类活动，可能会有因该法规产生的纠纷或诉讼，简单的删除增加了解决纠纷或矛盾的成本，政府部门、公民、企业以及社会组织不得不花费一些精力寻找当年的依据。评估发现，成都市人大常委会对所有的地方性法规进行了有效性标注，对于已经修改的，标注已经被修改。

第三，公开自身的规范性文件。设区的市、自治州人大及其常委会除了制定地方性法规之外，还制定了大量的规范性文件，指导人大及其常委会日常工作。上述规范性文件的公开具有如下意义。其一，拉近人大与公众之间的距离。公开人大常委会制定的规范性文件有利于社会公众接近并了解人大常委会的工作机制，并对人大常委会有进一步的感性认知，从而拉近人大与公众之间的距离。其二，让人大常委会主动接受监督，公开人大常委会日常工作规范，有利于强化社会公众对人大常委会工作的监督，督促人大常委会依法依规开展工作。其三，有利于加强人大常委会自我约束。作为权力机关，人大常委会有监督权、人事任免权、立法权等多项权能，对人大常委会工作的监督只有党委、人大及社会公众，通过公开人大常委会规范性文件，能够强化人大常委会自我约束意识，提高工作的自觉性和积极性。评估发现，自贡市、遂宁市等市（州）主动公开了所有的工作规范。例如，自贡市人大常委会公开了包括执法监督、议事规则、议案处理、代表联络等方面的规范性文件。

（三）贯彻落实人大监督

四川省各市（州）重视人大监督工作，通过执法检查、专题询问等方式充分发挥人大主动监督的各项权能。同时，四川省各市（州）严格审议政府、法院、检察院的报告，对政府、法院、检察院的监督落在实处。

第一，重视执法检查，落实法律法规。2017 年度评估中发现，四川省各市（州）执法检查工作具有如下特征。（1）强调重点领域。评估发现，四川省各市（州）执法检查的重点是食品安全、环境保护、弱势群体保护、精准扶贫等与社会公众息息相关的重点领域。加强重点领域的执法检查，有利于解决公众最关心、最迫切的社会问题。如多个市（州）对于《四川省农村扶贫开发条例》进行了执法检查并形成执法检查报告，一方面，公众通过执法检查详细地知晓了本市（州）精准扶贫开展的具体情况，得到了最为权威可靠的数据，保障了公众的知情权；另一方面，通过人大的执法检查可以检视精准扶贫工作存在的漏洞，为下一步扶贫攻坚工作奠定坚实的基础。（2）公开执法检查计划。公开执法检查计划有利于公众了解本年度执法检查的重点，可以在执法检查过程中提供相关的意见或者建议，甚至直接参与人大常委会的执法检查工作。同时，制定并公开执法检查计划还有助于了解历年执法检查的重点，防止重复工作或遗漏重要事项。评估发现，成都、自贡、遂宁、乐山等市（州）公开了执法检查计划。（3）公开执法检查报告。巴中、广安、眉山、成都、内江公开了执法检查报告。在报告中详细记录了政府贯彻落实法律法规的具体做法及主要成效，认真分析了执行法律法规过程中存在的主要问题，并对如何开展好今后工作提出了建议。例如，2017 年 6 月巴中人大常委会针对《政府采购法》进行了执法检查，在肯定政府工作的同时，认为当前在政府采购过程中依法采购的意识不足、采购预算管理不够规范、采购人对采购结果不够满意等问题依然存在，今后需要通过强化政府采购关键环节监督管理、推动采购改革创新、强化采购预算管理等方式提高采购质效。

第二，注重专题询问，强化人大监督。专题询问是《监督法》赋予人大常委会的权力，通过专题询问，可以强化人大监督职能，增强人大监督工作的针对性，可以有效获得全社会对人大工作的广泛支持，可以促进政府依法行政、法院检察院公正司法。四川省各市（州）人大常委会普遍注重此项制度的落实，形成了一套行之有效的监督模式。总体而言，四川省各市（州）专题询问具有如下特点。（1）专题询问覆盖范围广。从已有的专题询问的议题来看，2017 年专题询问主要集中在城市建设与管理、环境生态保护、新兴产业、校园安全环境、扶贫攻坚等方面，这些问题都是公众关注度较高、社会影响力较大的领域。相较于 2016 年，四川省各市（州）专题询问已经不限于省人大常委会的要求，而是纷纷结合市（州）问题展开具有针对性的询问。例如，2017 年宜宾人大常委会组成人员就宜宾新兴产业选择依据、发展保障、智能终端产业发展面临的困难等 11 个热点问题进行了询问。（2）专题询问效果显著。专题询问是人大对政府、法院、检察院工作进行监督的重要手段。通过对特定问题进行专题询问可以更好地发现问题、解决问题。例如，2017 年，资阳人大就义务教育均衡发展问题对教育主管部门进行了专题询问，并指出了义务教育均等化面临的七大难题。事后资阳教育主管部门积极整改，学校校舍不足、师资配备不均衡、教学器材不够、大班额过多等问题已经有所缓解，有力推进了全市义务教育均衡化发展。

第三，坚持问题导向，跟踪督查有力。跟踪督查是确保执法检查和专题询问得以落实的重要手段，也是体现人大监督效果的重要指标。四川省各市（州）在跟踪督查落实方面具有如下特点。(1) 坚持问题导向。四川省各市（州）严格依照《监督法》的要求，坚持问题导向，详细列明执法检查和专题询问中涉及的问题，交由负责的“一府两院”及相关部门研究处理，并限时要求反馈研究处理结果。（2）纳入绩效考核。部分市（州）将人大督办落实情况纳入了部门绩效考核，以提高部门落实执法检查和专题询问的积极性。例如，巴中人大依据《巴中市人民代表大会代表建议、批评和意见办理办法》，对于人大常委会或人大代表交办的事项未予以落实，或者无方案、无办理机构和办理人员的部门，均会扣除相应的绩效分数。(3) 强化事后评估。对于人大督办事项的效果，部分市（州）充分利用满意度评估的方式，如眉山人大在市政府办理结束后，会形成书面办理情况报告提交市人大常委会审议，并进行满意度评估，从而督促整改落实。

（四）科学规范代表工作

人大代表是人大工作的主体，科学引导人大代表参与人大工作是建设社会主义政治文明的重要内容，规范代表各项工作是完善人民代表大会制度的必然要求。四川省各市（州）严格按照宪法、法律、法规的规定，不断增强代表工作的生机与活力，充分发挥人大代表的作用。

第一，公开代表信息，接受公众监督。长期以来，人大代表的身份信息不被社会所熟知，导致代表责任感不强，不认真代表人民参与人大各项活动；同时由于公众不了解代表信息，故代表的各项行为也无法接受公众监督。公开人大代表信息，有利于培养人大代表的责任感，有助于培养选民的法治思维，有益于选民监督人大代表。评估发现，四川部分市（州）非常重视人大代表信息公开公示，包括泸州、绵阳、乐山、达州等在内的8个市（州）公开了人大代表信息。部分市（州）甚至公开了包括照片、性别、工作单位在内的人大代表具体信息，方便公众监督和及时联系。

第二，展现代表工作，办理代表议案。四川省各市（州）对于代表工作的展现不遗余力，有的展现了代表参与立法工作的细节，有的披露了代表调查研究的成果，有的则公开了代表提交的议案建议。评估显示，成都、遂宁、乐山公开了部分代表议案建议，让社会公众了解代表实际工作情况。公开代表议案能够体现代表的价值，增强代表履职的荣誉感，激发代表履职的积极性和主动性。对于代表提出的建议或者议案，成都、遂宁、乐山、宜宾、南充等6个市（州）公开了代表议案建议的办理情况，与代表工作形成良性互动。

第三，培训人大代表，保障活动经费。（1）培训人大代表，提高履职能力。四川省各市（州）通过定期培训、邮寄资料、集中学习等方式不断提高人大代表的履职水平。有的针对初任的人大代表及基层人大代表开展了各式各样的培训工作，提高代表的工作水平。有的则通过邀请人大代表列席常委会会议以及执法检查、专题询问、工作评议等方式给代表以直观的感受，强化其代表意识，提高其履职能力。例如，乐山人大常委会通过集中培训班的形式对初任代表和基层代表展开培训工作，提高代表的工作水平和履职能力。（2）保障代表经费。经费保障对于人大代表履职的影响不言而喻，在调查研究、执法检查、专题询问过程中，代表需要投入大量的经费，若经费欠缺则开展上述工作便会捉襟见肘。若代表调研经费完全由自己支出，则会极大地影响代表的积极性；若代表调研经费由社会团体及企业赞助，则代表履职中立性会受影响，人大代表成为某些利益集团的代言人。四川省各市（州）在把握代表活动经费上，保持了稳中有涨，与2016年经费基本保持一致，部分市（州）略有增长（见表6）。

表6 **四川省各市（州）人大代表活动经费（2016—2017）** 单位：元/人

市（州）	代表活动经费（2016）	代表活动经费（2017年）	比较
成都	3600	3600	持平
自贡	1600	1600	持平
攀枝花	3600	3600	持平
泸州	2000	2000	持平
德阳	2000	2000	持平
绵阳	1800	2000	增长
广元	2000	2000	持平
遂宁	1500	1500	持平
内江	2500	2500	持平
乐山	2000	2688	增长
南充	2000	2000	持平
宜宾	2000	2000	持平
广安	2000	2000	持平

续表

市（州）	代表活动经费（2016）	代表活动经费（2017 年）	比较
达州	1700	1800	增长
巴中	2000	2100	增长
雅安	2000	2000	持平
眉山	2000	2000	持平
资阳	2000	3556	增长
阿坝	1600	2000	持平
甘孜	2000	2000	持平
凉山	1900	2000	增长

第四，扩大民主参与，代表列席会议。扩大公民有序的政治参与，是坚持和完善社会主义民主制度的有效途径，是建设社会主义政治文明的重要内容。四川省各市（州）人大常委会每次均会邀请部分人大代表参与或列席，一方面在扩大民主参与力度的同时拉近人大常委会与代表之间的距离，保障代表的知情权、监督权和参与权（见表 7）。例如，德阳人大常委会每年都会收到来自人大代表的各种议案或建议，这些议案经过长期认真的调研，针对性和可操作性较强，提高了德阳人大常委会的决策水平。另一方面，邀请人大代表列席常委会是促进代表行使职权、执行职务的最好工作方式。通过邀请人大代表列席人大常委会会议，既培养锻炼了人大代表的参政议政能力，又推动了市人大常委会权力公开透明运行和重大事项决定权的行使、监督工作的进程，更好地为维护广大人民群众的利益出谋划策，进一步发挥人大代表在推进依法治市、促进经济社会发展中的重要作用。

表7　四川省各市（州）代表列席常委会比例对比（2016—2017）　单位:%

市（州）	代表列席常委会比例（2016）	代表列席常委会比例（2017 年）	比较
成都	10.00	17.30	增长
自贡	21.60	21.00	下降
攀枝花	13.60	14.30	增长
泸州	8.87	2.90	下降
德阳	16.75	29.79	增长
绵阳	7.29	6.88	下降
广元	16.70	5.00	下降
遂宁	3.95	17.00	增长
内江	6.50	11.03	增长
乐山	10.00	6.50	下降
南充	10.00	15.40	增长
宜宾	11.50	8.74	下降
广安	10.00	14.00	增长
达州	3.00	3.00	持平
巴中	11.00	14.00	增长
雅安	30.00	10.00	下降
眉山	6.00	8.60	增长
资阳	10.00	27.80	增长
阿坝	17.00	18.00	增长
甘孜	9.00	8.84	下降
凉山	34.60	41.60	增长

三　发现的主要问题

在肯定四川省各市（州）人大工作的同时，项目组也发现各市（州）在推动人大建设过程中存在一些在全国范围内亦具有普遍性的问题，值得关注。

（一）平台建设有待提升

人大常委会官方网站是反映人大建设水平的重要载体，网站建设得好坏，一方面体现了人大工作的质量；另一方面也影响了公众获取信息的便捷性。在互联网高速发展的时代，人们获取信息的主要方式已经由报纸、电视、广播转为网络，因此人大建设一定要重视平台建设。评估发现，四川省各市（州）在平台建设方面存在以下问题。

第一，网站信息不全。人大常委会官方网站是公众了解人大、接近人大的第一平台，在网站中需要提供足够的信息让公众能够知晓人大的职权、组成、领导、主要工作等相关内容。评估发现，有11个市（州）人大常委会网站没有公开人大职权，有10个市（州）没有公开人大常委会主要领导的简历。没有公开人大职权，公众就不了解人大的具体职能，只能凭感性认为人大是所谓的“养老机构”、“退居二线”的安置所；没有公开主要领导的简历，就无法增强公众对人大的认知和了解。此外，官方网站作为联系公民与常委会的重要平台，应当公开具体的联系方式，方便公众就某问题进行咨询，就某建议进行讨论，就某诉求进行表达。但评估发现，四川省 21 个市（州）仅成都人大常委会公开了各个部门的联系方式，其余 20 个市（州）均未公开各人大常委会组成部门的联络方式。

第二，平台存在僵尸化现象。作为展现人大工作的具体平台，一方面要信息全面，另一方面要及时更新主要内容。评估发现，部分市（州）人大常委会设置板块不科学、不合理，板块下内容长期不更新，宛如僵尸一般。平台僵尸化对于人大建设的影响是严重的。首先，宣传效果大打折扣。人大常委会官方网站是重要的宣传平台，在此平台上可以充分展现常委会的日常工作，网站长期不更新导致人大宣传效果不尽如人意。其次，影响工作积极性。将常委会日常工作展现在网站中能够激发人大工作积极性，提高工作质效，长期不更新网站导致工作无法得到体现，工作质效因此受到影响。最后，使公众产生错误观念。网站内容长期不更新，导致公众对于人大公开的获得感大打折扣，并形成人大不作为的错误观念。

第三，平台体验不佳。平台体验是决定公众是否愿意浏览的重要因素。评估发现，部分人大常委会平台体验不佳。首先，网站无法浏览。内江市人大常委会网站长期无法正常浏览，阅读体验较差，公众无法从网站中获取有益信息。其次，搜索体验不佳。项目组对 21 个市（州）搜索栏目进行了检验，发现泸州市人大常委会网站搜索功能运行不佳，德阳、绵阳、达州、凉山等市（州）人大常委会网站没有设置搜索功能。最后，未能将人大常委会门户网站作为公开的第一平台。有的市（州）习惯性将重要信息在地方报纸中公开，而在网站中却没有相关内容，这就导致网站中只有重要信息的新闻，没有重要信息的内容，大大降低了浏览体验。例如，成都市人大常委会将部分重大决策在《成都日报》上公开，网站中仅留有新闻报道，未曾订阅《成都日报》的公众以及外地公众便无法获取相关信息。

（二）人大立法有待加强

评估发现，部分市（州）尚未进入立法者的角色。对于如何开展立法工作、如何进行立法调研、如何征求公众意见、如何提高立法质量等问题没有找到切入点。这主要体现在以下几个方面。

第一，立法计划未能公开。立法计划是人大常委会年度立法的工作清单，公开立法计划有助于人大常委会专注于立法工作本身，同时也为社会公众了解人大立法工作提供了契机和窗口。《四川省人民代表大会及其常务委员会立法条例》非常重视立法计划的编纂和公开工作，条例第 9 条第 2 款规定："立法规划和年度立法计划应当向社会公布"。但评估发现，在立法计划方面，16 个市（州）没有公开 2017 年度立法计划；在立法规划方面，仅有泸州、遂宁等为数不多的市（州）制定并公开了立法规划，其余市（州）均未制定或公开立法规划。

第二，未能公开立法计划执行情况。立法计划执行情况是检验人大常委会立法工作的重要方式，中国很多地方立法工作完成度不甚理想，有的较大的市立法计划完成度不足 50%。公开立法计划执行情况，有助于加强人大常委会立法管理工作，科学地制定年度立法计划，保质保量地完成本年度的立法工作。事实上，中国部分设区的市和较大的市坚持公开立法计划执行情况，取得了良好的效果。例如，深圳人大常委会每年年初公开上一年度立法计划的完成情况，不断完善立法体制机制，提高立法质效。四川大部分市（州）刚获得立法权不久，在立法计划执行情况公开方面，21 个市（州）均未实现零的突破。

第三，意见征求有待加强。立法过程中广泛征求公众意见是科学立法的必然要求，是民主立法的应有之义，是依法立法的必经程序。四川省各市（州）在公开法规草案、公开征求意见方面存在以下问题。首先，未能公布法规起草说明。法规起草说明是对法规内容的总体介绍，是公众参与立法的重要条件，缺少法规起草说明，晦涩难懂的法规条文只会让征求意见大打折扣。评估发现，包括成都、自贡、攀枝花在内的15个市（州）没有公开地方性法规的起草说明。其次，征求意见期限少于30日。《立法法》第37条规定法律草案征求意见不得少于30日，《四川省人民代表大会及其常务委员会立法条例》第42条规定："向社会公布征求意见的时间一般不少于三十日。"尽管上述两部法律法规均未对设区的市立法征求意见的期限作出规定，但征求意见期限过短，不利于广泛地收集公众意见，不利于立法质量的提升。由于缺少统一的期限规定，四川有10个市（州）法规征求意见期限少于15天，另有4个市（州）法规征求意见期限少于30天。最后，未能公布建议渠道。四川有11个市（州）在公开法规草案文本的同时未能公开建议渠道，公众即使有意见、有想法也没有表达意见和想法的渠道。

（三）人大监督有待公开

四川省各市（州）人大监督工作总体情况良好，但在细节问题尤其是关键信息公开上表现不佳。第一，执法检查公开有待提升。人大执法检查是检验法律法规实施情况的重要手段，也是人大监督的重要抓手。根据《监督法》第23、27条之规定，人大常委会应当将年度执法检查计划、执法检查报告以及审议意见向社会公开。[①] 但评估发现，年度执法检查计划和执法检查报告公

① 《监督法》第23条规定："常务委员会年度执法检查计划，经委员长会议或者主任会议通过，印发常务委员会组成人员并向社会公布。"《监督法》第27条规定："常务委员会的执法检查报告及审议意见，人民政府、人民法院或者人民检察院对其研究处理情况的报告，向本级人民代表大会代表通报并向社会公布。"

开情况并不乐观。21个市（州）中，仅有成都、宜宾、遂宁3个市（州）直接公开了年度执法检查计划，自贡、乐山、南充等7个市（州）在年度工作报告中公开了执法检查计划，其余市（州）未能找到相关内容。在执法检查报告方面，有8个市（州）在其人大常委会官方网站中向公众公开了执法检查报告，有13个市（州）通过会议材料等渠道向职能部门公开。第二，工作报告公开不太理想。地方人民代表大会作为地方最高权力机关，有权听取地方人大常委会、政府、法院、检察院的工作报告。而地方人大常委会网站作为沟通人大与公众的重要平台，应当及时将包括常委会、政府、法院、检察院在内的工作报告公开，方便公众监督。四川21个市（州）中，成都、乐山、南充等8个市（州）公开了常委会年度工作报告，自贡、绵阳、广安等10个市（州）在人大常委会网站中公开了政府工作报告，仅有自贡、南充、广安、雅安、眉山这5个市（州）在人大常委会网站中公开了法院工作报告和检察院工作报告。第三，工作报告审议公开有待加强。针对人大常委会、政府、法院、检察院工作报告进行审议是地方人民代表大会的重要权力和职责。四川21个市（州）中，成都、遂宁、乐山、巴中等7个市（州）公开了常委会审议意见；资阳、眉山、雅安等7个市（州）公开了法院、检察院的审议意见。

（四）代表管理有待强化

人大代表是人大工作的核心之一，选举、罢免、监督等多项人大工作都涉及人大代表，故强化人大代表管理是提高人大工作质量的重要路径。从四川省各市（州）评估结果来看，代表管理仍然有待加强。第一，代表信息有待补全。公开代表工作信息有助于社会公众与代表联系，也有利于代表自我管理、自我监督。尽管四川部分市（州）公开了代表信息，但总体来看，公开力度仍然不足。从整体来看，包括成都在内的13个市（州）没有公开代表详细名单；从公开质量来看，仅乐山公开了代表的工作单位，其余6个市（州）仅公开了代表名字和性别等信息。第二，议案公开有待完善。《代表法》第42条要求公开代表建议、批评和意见办理情况的报告，但评估结果显示，18个市（州）没有公开代表议案，15个市（州）没有公开代表建议、批评和意见的办理情况。部分市（州）人大常委会官方网站没有公开代表建议以及建议办理情况，一方面是由于有些议案、建议、意见不方便上网，另一方面则因为代表没有提供高质量的议案。代表人民履职是宪法赋予人大代表的权利，部分代表仅享受代表资格带来的各种便利和光环，并没有真正履行代表应尽的义务。公开代表活动及议案建议能够有效地监督代表，将代表纳入规范管理的框架中，但在实践中没有哪个市（州）的人大常委会能够完全公开代表议案，也没有哪个市（州）能够全部公开议案办理情况。对人大代表履职公开工作的忽视一方面不利于激发人大代表工作的积极性，另一方面也影响到选民对代表的看法。

（五）人员配备有待落实

人大常委会在人大闭会期间行使包括监督、任免、决定以及立法在内的部分职权，上述权能的实施与实现需要足够的人员保障。而评估发现，四川省各市（州）人大常委会的人力资源都相对较为薄弱。第一，人大常委会的工作人员总体数量不足。各市（州）人大常委会除了监督、任免、决定这三项权力之外，部分市（州）还增加了立法权。上述权能的行使需要配备充足的人员，但各市（州）人大常委会总共仅有30—40名工作人员，部分办事机构工作人员更加稀缺，如攀枝花市人大常委会法制委员会仅有2名工作人员。这样的人员编制数量对于上述权能的实现略显单薄，极有可能顾此失彼。第二，人大常委会专业人才不足。人大工作需要大量专业人才，执法检查需要对法律法规有着深刻的把握和认识，专题询问需要对相关领域有着大致的了解。尽管各市（州）都进行了执法检查和专题询问，但从执法检查报告和专题询问记录来看，各级人大缺少专业人才，尤其是缺少精通法律的专业人才。例如对于执法检查的建议基本都是如何增强意识、如何完善体系、如何建立机制、如何提高水平、如何加强监管，很少能够从制度层面深入分析法律法规的不足，更无法为法律法规修改提供建议。第三，人大常委会人员结构失调。从各市（州）人大常委会人员组成来看，基本是精英多，落实工作的人员少。所谓精英多，是指人大各专委会的主任、副主任多是政府、法院、检察院的领导，具有丰富的领导经验，工作能力强，工作态度认真；所谓落实工作的人员少，是指除了上述领导之外，真正能够落实工作责任的人员少之又少，很多市（州）人大人员配备不足，岗位不具有轮换性，一旦一个基层工作人员因病、因事请假，则工作无法顺利进行下去。

四　完善建议

（一）优化人大网站建设

人大网站建设水平远远落后于政府部门网站，甚至已经被部分法院、检察院超越。在国务院通报整改政务僵尸网站时，人大大量僵尸网站仍然继续存在；当法院、检察院通过网站建立公开平台、推动司法改革时，人大网站仍然缺少统一的标准。建议四川省各市（州）人大常委会从以下两个方面着手，优化人大网站建设。其一，牢固树立网站是第一公开平台的意识。在优化人大网站建设之前，应当牢固树立网站是第一公开平台的意识。相较于微信、微博等新媒体，网站信息更加完整；相较于报纸、广播等传统媒体，网站更加便捷。人大常委会网站不仅是公开平台、展示平台，而且应当是一个数据平台，无论是地方性法规汇聚，还是人大代表议案，抑或是监督实况，都应当在网站上公开，这样人大历年的工作便有了活的参照，数年下来一份地区人大工作的大数据便会逐渐形成。其二，推动网站建设精细化科学化。人大网站是反映人大工作的重要平台，网站建设应当尽量便于公众获取信息，因此网站板块应当尽量分类清晰。建议市（州）人大常委会官方网站根据人大职权分为人大概述、人大监督、代表履职、地方立法、重大决定、选举罢免以及重要新闻等。各项信息根据其内容放置在对应板块之下，方便公众查询。同时借鉴商业网站设置搜索栏目，提供健全的查询检索功能，方便公众快速便捷地查找信息。

（二）提高地方立法质效

立法是一项极为复杂的工作。对于缺少立法经验、欠缺立法人才的四川省各市（州）而言，立法工作质效的提高不可能一蹴而就。建议四川省各市（州）从以下几个方面着手提高地方立法质量。首先，科学制定立法计划、立法规划。在制定立法规划时，一方面要遵循客观规律。立法规划应当划分轻重缓解，将一些成熟度较高、内容较为完整、亟须出台的立法纳入其中。另一方面也要坚持党的领导。习近平总书记多次强调，“要把党的领导贯穿到全面依法治国各方面、各领域、各环节”，故是否纳入规划，哪些内容纳入规划应当与党中央最新的文件要求保持一致。同时，在立法起草过程中，应当处理好法治和自治、政府与市场的关系。不能陷入“立法万能论”，法律越来越多、越来越细，压制了社会自治的空间。其次，广泛征求立法建议。在全面依法治国的背景下，立法工作越民主，立法质量越高，立法征求意见覆盖面越广泛，立法实施效果越好。建议四川省各市（州）设立专门板块公开征求立法意见，同时公开立法征求意见反馈情况，激发公众参与立法的积极性和主动性。对于甘孜、阿坝、凉山等少数民族聚集区，在立法征求意见方面，建议一视同仁，印发汉语版本的同时，也要印发少数民族语言版本。鼓励少数民族参与立法活动。最后，加强立法培训。立法工作需要经验积累，需要技术培训，建议四川省各市（州）开展立法培训工作，加强市（州）人大常委会组成人员、各专工委以及其他相关部门人员参与立法的水平和能力，不断提高各市（州）人大立法工作质量，加快推进依法治州和民主法治建设进程。

（三）加强人大监督公开

监督公开是《监督法》对人大工作的基本要求之一，也是人大落实监督权能的重要手段。针对四川省各市（州）人大监督公开工作不佳的情况，建议各市（州）从以下几个方面着手，切实提高监督公开的质效。首先，建立完善的公开制度。建议四川省人大制定监督公开的规定，明确公开范围、方法以及步骤，实现从议题征集确定，到开展视察调研、组织会议审议、意见反馈、跟踪督办落实全方位公开，促进人大监督公开工作制度化、科学化、常态化。其次，要扩大公开范围。依照法律政策规定和人大制度要求，凡是人大及其常委会依法履行职权的情况，应该向社会公开的一律对外公开。不仅监督情况要公开，监督过程要公开，监督结果更要公开。要实行监督计划、监督内容、监督议题、监督结果公开，及时将人大及其常委会听取和审议“一府两院”专项工作报告的年度计划、开展立法和执法检查计划、视察调研和重点工作监督内容通过新闻媒体公之于众，使公开贯穿立法征集、监督选题、视察调查、会议审议、意见反馈、督办落实的监督全过程；对人大常委会听审重点工作，开展民主评议、专题质询询问、现场票决评估的情况，要借助舆论宣传，积极造势，逐步实现向社会全面公开，达到公开透明。最后，扩展公开渠道。除了加强在官网公开监督信息之外，还要充分利用各类媒体，通过微信、电视、媒体直播、百姓问政等现代信息平台和新闻载体对外公示。同时，要时刻关注社会舆情，聚焦热点难点，不断拓展社会影响面，力求公开直观生动，形式灵活多样，确保人大监督公开的实际效果。

（四）公开代表履职情况

针对代表管理过程中出现的各种问题，建议以公开为抓手，不断提高代表的管理水平和管理质效。其一，全面公开代表议案。《代表法》第4条第5款规定："人大代表应当与原选区选民或者原选举单位和人民群众保持密切联系，听取和反映他们的意见和要求，努力为人民服务。"代表是否听取选民的意见，是否反映选民的要求，是否努力为人民服务应当接受选民的监督。这就要求每位代表每年提交的议案、参与的各种活动以及发挥的作用均应当详细记录在案，并及时向选民公开。这样既有利于选民了解代表的工作情况，对代表的工作给予支持和理解，又有利于加强对代表的监督，督促其严格依照《代表法》履职，同时还可以增加代表活动的曝光频次，激发代表活动的积极性，促进代表履职良性循环。其二，全面公开代表信息。人民代表大会制度之所以具有强大的生命力和显著的优越性，关键就在于它深深植根于人民之中。公示人大代表的基本信息和工作信息，不仅能够加强人大代表与公众之间的及时联系和有效沟通，也有利于公众监督人大代表切实履行代表之职，发挥代表作用。需要注意的是，公开人大代表的信息并不是公开人大代表的私生活和私人信息，而是公开人大代表的基本信息和选民需要的工作信息，其中包括人大代表的姓名、住址、联系电话以及履职活动情况等，方便公众接近代表，了解代表，监督代表。

（五）充实人员编制保障

作为监督机关，人大需要有足够的能力监督政府、法院和检察院的工作，而不是"一府两院说什么，人大信什么"。这就要求人大常委会拥有足够的专业人才，对一府两院的工作进行有效的监督和提出建设性的意见；作为权力机关，人大需要保证决策符合宪法法律的规定、符合经济社会发展的需要，这就要求人大常委会配备大量懂法律、懂社会、懂经济的专业人才，组建强大的专业队伍，避免人大决策走形式、走过场。作为立法机关，人大需要储备大量的立法专家保障立法的民主性和科学性。但实践中由于人大常委会编制有限，无法满足常委会的人才需求，建议四川省各市（州）人大可以通过组建专家库的方式弥补缺少专业人才的缺陷，通过建立咨询委员会的方式填补人员编制不足的问题，通过引入中立第三方评估发现人大工作漏洞。专家库可以极大地充实人大的人员力量，四川已有部分市（州）进行了尝试，如内江成立了预算审查咨询专家库，遂宁成立了地方立法咨询专家库。咨询委员会可以为人大工作提供意见建议，全国各地已有部分城市成立咨询委员会，如青岛市于2013年成立咨询委员会，其主要职能是提高立法质量、协助常委会开展监督工作、推进科学民主决策。第三方评估可以增强人大监督的专业性，减少部门利益的干扰，发现人大工作的漏洞，填补人大人员配备不足的缺陷。

第四篇　依法行政

一　评估概况

各级政府及其部门作为国家权力机关的执行机关，负有严格贯彻落实宪法和法律的重要职责。法治政府的基本建成，是2020年全面建成小康社会的重要目标之一。建成职能科学、权责法定、执法严明、廉洁高效、守法诚信的法治政府，构成地方法治推进的重要组成部分。四川省委、省政府印发《四川省法治政府建设实施方案（2016—2020年）》，深入推进依法行政，为深入实施“三大发展战略”、奋力推进“两个跨越”和谱写中国梦四川新篇章提供有力法治保障。

依法行政板块主要考察放管服、依法决策、行政执法、责任制、年度报告、复议应诉及维护司法权威。政务公开由于其特殊性独立成篇，单独分析。在指标设计上，依法行政与政务公开共同构成法治政府，其中依法行政权重为60%，政务公开权重为40%，故本板块在打分上满分为60分。依法行政具体评估指标见表8。

法治政府板块的总体评估结果显示（见表9），绝大部分的市（州）完成了全国、省里关于法治政府建设的“必备动作”；一些地方还有不少创新探索的“自选动作”，亮点纷呈，值得关注和总结。

表 8 依法行政板块评估指标

<table>
<tr><th>二级指标</th><th>三级指标</th><th colspan="2">四级指标</th></tr>
<tr><td rowspan="8">放管服
（10%）</td><td rowspan="2">简政放权
（20%）</td><td colspan="2">行政审批“零超时”（50%）</td></tr>
<tr><td colspan="2">建立“权力清单”“责任清单”（50%）</td></tr>
<tr><td rowspan="3">放管结合
（60%）</td><td colspan="2">建立“一单、两库、一细则”（20%）</td></tr>
<tr><td colspan="2">建立市场综合监管（40%）</td></tr>
<tr><td colspan="2">建立行业准入负面清单（40%）</td></tr>
<tr><td rowspan="3">优化服务
（20%）</td><td colspan="2">在线办事（40%）</td></tr>
<tr><td colspan="2">政务服务向基层延伸（30%）</td></tr>
<tr><td colspan="2">行政审批程序简化（30%）</td></tr>
<tr><td rowspan="10">依法决策
（10%）</td><td rowspan="8">法定程序
（80%）</td><td rowspan="2">公众参与
（40%）</td><td>是否征求意见（50%）</td></tr>
<tr><td>是否有意见反馈（50%）</td></tr>
<tr><td rowspan="3">合法性审查
（20%）</td><td>是否明确了合法性审查的范围（40%）</td></tr>
<tr><td>是否明确了合法性审查的标准（40%）</td></tr>
<tr><td>是否明确了合法性审查的程序（20%）</td></tr>
<tr><td rowspan="3">风险评估
（40%）</td><td>是否有社会稳定方面的风险评估（40%）</td></tr>
<tr><td>是否有生态环境方面的风险评估（30%）</td></tr>
<tr><td>是否有公共财政方面的风险评估（30%）</td></tr>
<tr><td rowspan="2">终身问责
（20%）</td><td colspan="2">是否建立重大决策责任倒查机制（50%）</td></tr>
<tr><td colspan="2">是否建立终身追究制度（50%）</td></tr>
</table>

续表

<table>
<tr><th>二级指标</th><th>三级指标</th><th colspan="2">四级指标</th></tr>
<tr><td rowspan="12">行政执法（10%）</td><td rowspan="3">提高执法水平（30%）</td><td colspan="2">执法公示（40%）</td></tr>
<tr><td colspan="2">重大执法决定法治审核（30%）</td></tr>
<tr><td colspan="2">执法全过程记录（30%）</td></tr>
<tr><td rowspan="5">执法辅助（40%）</td><td colspan="2">明确执法辅助人员的适用岗位（20%）</td></tr>
<tr><td colspan="2">明确执法辅助人员的职责权限（20%）</td></tr>
<tr><td colspan="2">明确执法辅助人员的权利义务（20%）</td></tr>
<tr><td colspan="2">明确执法辅助人员的聘用条件（20%）</td></tr>
<tr><td colspan="2">明确执法辅助人员的程序（20%）</td></tr>
<tr><td rowspan="4">执法联动（30%）</td><td rowspan="2">两法衔接（50%）</td><td>涉嫌犯罪案件移送标准（50%）</td></tr>
<tr><td>涉嫌犯罪案件移送程序（50%）</td></tr>
<tr><td rowspan="2">共享通报（50%）</td><td>行政执法机关、公安机关、检察机关、审判机关是否建立了信息共享制度（50%）</td></tr>
<tr><td>行政执法机关、公安机关、检察机关、审判机关是否建立了案情通报制度（50%）</td></tr>
<tr><td rowspan="6">责任制（10%）</td><td rowspan="2">专项督查（20%）</td><td colspan="2">是否开展了专项督查（50%）</td></tr>
<tr><td colspan="2">专项督查是否形成报告（50%）</td></tr>
<tr><td rowspan="2">定期检查（40%）</td><td colspan="2">是否形成制度（50%）</td></tr>
<tr><td colspan="2">是否开展了定期检查（50%）</td></tr>
<tr><td rowspan="2">职责清单（40%）</td><td colspan="2">是否建立责任清单（50%）</td></tr>
<tr><td colspan="2">责任清单是否在一定范围公开（50%）</td></tr>
<tr><td rowspan="6">年度报告（10%）</td><td rowspan="3">法治政府建设报告（50%）</td><td colspan="2">是否有报告（20%）</td></tr>
<tr><td colspan="2">是否是第一季度报告（40%）</td></tr>
<tr><td colspan="2">是否公开（40%）</td></tr>
<tr><td rowspan="3">部门法治政府建设报告（选择任意一个政府部门）（50%）</td><td colspan="2">是否有报告（20%）</td></tr>
<tr><td colspan="2">是否是第一季度报告（40%）</td></tr>
<tr><td colspan="2">是否公开（40%）</td></tr>
</table>

续表

二级指标	三级指标	四级指标
复议应诉及维护司法权威（10%）	行政复议委员会（20%）	县级政府是否建立了行政复议委员会（100%）
	司法建议（20%）	司法建议办理情况（100%）
	行政复议（20%）	行政复议建议办理情况（100%）
	依法出庭应诉（20%）	2017年开庭审理的被诉案件中负责人出庭应诉比例（100%）
	尊重并执行法院生效裁判（20%）	是否存在不主动履行法院生效裁判的情况（100%）

表9　**依法行政板块评估结果**　单位：分

排名	市（州）	放管服（10%）	依法决策（10%）	责任制（10%）	年度报告（10%）	复议诉讼及维护司法权威（10%）	行政执法（10%）	总分（满分60）
1	成都	100	100	100	100	96.00	100	59.60
2	自贡	71.20	96.00	100	100	100	100	56.72
3	遂宁	71.20	89.60	100	100	96.00	100	55.68
4	巴中	90.40	100	100	100	70.00	94.00	55.44
5	泸州	52.00	100	100	100	94.00	100	54.60
6	攀枝花	71.20	96.16	100	80.00	96.00	100	54.34
7	甘孜	76.00	100	90.00	100	92.00	85.00	54.30
8	绵阳	71.20	100	80.00	100	90.00	100	54.12
9	乐山	71.20	96.00	80.00	100	98.00	92.50	53.77

续表

排名	市（州）	放管服（10%）	依法决策（10%）	责任制（10%）	年度报告（10%）	复议诉讼及维护司法权威（10%）	行政执法（10%）	总分（满分60）
10	雅安	52.00	93.6	100	100	90.00	100	53.56
11	宜宾	76.00	84.00	80.00	100	90.00	100	53.00
	凉山州	52.00	100	90.00	100	94.00	94.00	53.00
13	广元	71.20	76.00	90.00	100	92.00	100	52.92
14	资阳	52.00	84.00	100	100	98.00	92.50	52.65
15	达州	71.20	100	100	50.00	100	94.00	51.52
16	南充	52.00	96.00	80.00	100	80.00	92.50	50.05
17	广安	52.00	100	100	60.00	94.00	92.50	49.85
18	内江	52.00	50.40	100	100	96.00	100	49.84
19	德阳	52.00	84.00	80.00	100	76.00	100	49.20
20	眉山	76.00	93.60	80.00	10.00	88.00	100	44.76
21	阿坝	52.00	80.16	60.00	80.00	84.00	89.50	44.57

二　亮点与创新

四川省各市（州）本着到2020年确保基本建成法治政府的战略目标，推进各项法治建设举措的推动落实。评估显示，法治政府建设各项工作稳步有序开展，年度目标任务基本如期完成。总体上，2017年做到了年初有计划，各阶段有部署，年中有督查，年底有考核，全年有台账，法治推进规定动作有序完成，自选动作积极探索，各市（州）依法全面履行政府职能的能力逐步提高。

（一）权责清单编制纵深推进

四川省各市（州）努力完成清单编制工作，实现动态更新，并且在政府网站中公开公示，努力消除空白点和死角，逐步实现“清单之外无权力”。评估结果显示，21个市（州）均建立起权力清单、责任清单，覆盖率达到100%。一些地方为减少不必要准入门槛，还积极探索行业准入负面清单，截至2018年2月已有7个市（州）进行了相应制度建设，占比33.33%。依托清单编制，许多地方根据法律法规的立改废释情况和机构职能调整情况，强化动态调整完善。比如，南充市2016年市本级行使的行政权力调整600余项，净减少151项；2017年再次进行调整，净减少行政权力事项884项，保留5453项。在商事登记改革方面，南充市加快推进“先证后照”改革，仅保留工商登记前置审批事项51项，后置审批事项152项。为促进审批办理便捷化，出台“十四证合一”登记制度改革实施方案，并于2017年9月正式实施“二十八证合一”登记。截至2017年12月底，南充已核发“二十八证合一”的营业执照4165户。重大建设项目方面，南充探索审批服务整合，将建设项目报建、合同备案、质量报监、安全报监、施工许可证办理5个建设审批服务事项整合为1个施工许可事项，施工许可审批服务由法定的35个工作日缩短为5个工作日办结。成都市在“二十一证合一、一照一码”的基础上，自2017年11月起实现“三十二证合一、一照一码”。由此，保安服务公司分公司备案、国际货运代理企业备案、经营利用重要经济价值水生野生动物水生植物审批等均被整合在内，企业到企业窗口递交相关材料后，无须再向证照被整合的部门提交任何材料。

结合权责清单的编制和动态调整，许多地方进行了行政审批事项的清理。德阳市环保局取消危险废物跨市转移审批、机动车环保标志核发，精简环境影响评价有关前置条件，取消了出具环保守法证明服务事项。泸州市则将企业登记前置审批事项从134项压缩到12项。2017年3月，将“外国人入境就业许可”和“外国专家来华工作许可”整合为“外国人来华工作许可”的试点工作完成。自2017年4月起在全市范围内实施外国人来华工作许可。攀枝花市西区还对行政事业性收费项目进行全面清理规范，现有128项公共服务事项中的112项为无偿服务。

值得一提的是，四川各地将与群众息息相关的小微权力，纳入清单制的改革射程之内。典型如雅安市雨城区推行“阳光居务”微权清单，将群众关注的社区财务管理事项、社区公开事项、救助救灾款申请和社会保障参保事项等内容，予以清单化并明确办理流程。南充市全面开展村（社区）证明事项清理工作，并主动将公安派出所证明材料纳入清理范围，最大限度地取消证明事项。通过清理，南充市本级共取消证明事项250项，仅保留证明事项14项，由此，办事群众“跑断腿”开证明的现象大幅减少。

（二）保障权力运行合法合规

四川省各市（州）通过制度规范建设，扎紧权力运行的“笼子”，确保公权力实施合法合规。

第一，健全法律顾问制度。《法治政府建设实施纲要(2015—2020年)》提出，“建立以政府法制机构人员为主体、吸收专家和律师参加的法律顾问队伍”。典型如绵阳市以政府法制机构人员为主体，吸收学者、律师参与，全面建立法律顾问队伍。发展至今，其县（市、区）政府、园区管委会、乡镇街道的法律顾问聘请率达到100%，已经实现全覆盖。再如，南充市政府法制办组建全市法律人才专家库，通过政府购买服务的方式，遴选聘用优秀退休法官，协助办理合法性审查等工作。

第二，重视政府法制队伍建设。泸州市将政府法制机构、编制建设作为法治政府推进的“牛鼻子”来抓。截至2017年12月底，泸州市32个行政执法部门全部设置“政策法规科”，增加专兼职人员共28名；市政府法制办从2015年的3个科室增加到2017年底的6个，编制也从10名增加到19名，下属区县法制部门的编制也新增加12人。泸州市古蔺县在26个部门设立“政策法规股”，在各乡镇党政办增挂“法制室”牌子。泸州市设立法治政府建设服务中心，作为市政府办公室下属公益一类事业单位，为全市法治政府建设提供服务。由此，政府法制机构的设置、人员配备与其所承担工作不相适应问题得到有效解决。

第三，完善合法性审查机制。成都市将合法性审查作为重大决策制度底线，强化刚性约束。将合法性审查作为法治政府年度工作安排和考核评议的重点内容，加强节点管理跟踪，并不定期开展督促检查。

（三）政府立法质量不断提高

第一，市（州）政府立法能力建设稳步推进。根据2015年修改后的《立法法》，四川省各市（州）的政府启动规章制定，并着力推动其规范化。比如，阿坝州出台《阿坝藏族羌族自治州政府规章制定程序规定》。为确保立法有计划、有步骤推行，政府规章年度计划编制出台，这已成为各市（州）的规定动作。

第二，开门立法走向制度化。地方政府立法项目向各界广泛征集。阿坝州在政府门户网站、阿坝日报发布征集2017年立法项目公告，向社会公众、州直部门、各县（市）人民政府广泛征集立法项目。德阳市创新机制，通过立法协商会的机制，增强立法民主性。2017年5月，德阳市政府法制办与市政协组织就《德阳市城市管理条例（草案）》召开立法协商会，广泛听取政协委员对于地方立法的意见建议。立法协商会既是社会主义协商民主的重要内容，也是推进民主立法的重要举措，有利于地方立法质量的提升。

（四）文件审查清理规范有效

在规范性文件事先审查方面，成都市印发《成都市“完善规范性文件合法性审查机制试点”工作实施方案》《关于在行政规范性文件事前合法性审查工作中推行标准化审查的通知》等规范性文件，推行规范性文件合法性审查的标准化。其标准化体系包括五大部分：一是制定主体的标准化，通过建立规范性文件的制定主体资格审核及公示制度，统一审核公布有权制定规范性文件的主体资格清单；二是审查范围的标准化，出台地方政府规章《成都市行政规范性文件管理规定》，把行政规范性文件的内涵、外延予以清晰界定，进而将所有规范性文件均纳入审查范围；三是审查内容的标准化，探索表格式作业，利用制式的《行政规范性文件备案审查标准化作业表》和《行政规范性文件（事前）合法性审查标准化作业表》，一一对照审查填写即可；四是审查流程的标准化，开发成都市行政规范性文件电子管理系统，审查全过程网上记录留痕；五是法律文书的标准化，编制《合法性审查意见书》《合法性审查补充材料通知书》《备案审查意见书》《备案审查建议书》等9种法律文书范本。《阿坝州行政规范性文件“三统一”和有效期实施办法（试行)》于2017年6月出台，对于行政规范性文件进行较为清晰的界定，纳入统一登记、统一编号、统一公布的管理范围，未经“三统一”的规范文件相对人有权拒绝执行。为避免行政规范性文件彼此冲突的问题，阿坝还借鉴国内一些地方的探索经验，要求行政规范性文件规定自身有效期，有效期届满后规范文件自动失效，而对于安排部署工作有明确时限要求的则工作完成后自动失效。南充市政府法制办在合法性审查时严格把关、敢于说不，2017年建议送审单位修改的有54件，不同意提交市政府常务会议审议的有16件，否定率达到14.6%。为通过合法性审查增强各部门、各级政府的法治素养，南充每月将《合法性审查意见书》汇编分送相关部门机关参考。

在规范性文件事后清理方面，泸州市人社局在已有规范性文件的全面清理基础上，按照中央、省里的新要求、新理念对近年来出台的文件进行多轮清理。其于2017年6月，清理了2013年1月1日至2017年6月30日以市政府名义制定的规范性文件26个，拟修改7个、继续有效10个、失效7个、废止2个。2017年12月对以本部门名义制定的规范性文件进行专项清理。以往规范性文件混乱、打架的现象得以有效克服。泸州市古蔺县于2017年全面清理政府文件，对1949年至2016年，以县政府或县政府办公室（行使县级政府职能的机构或其办事机构）名义制发的文件进行清理，重点清理县政府令、古府发、古府函、古府办发和古府办函等字号文件。广安市政府于2017年7月至8月，组织各部门、各县（市、区）政府，全面开展“放管服”相关的规范性文件清理工作。其清理范围为广安地区成立以来以行署和行署办、市政府和市政府办公室、市政府各部门名义制发的规范性文件和各县（市、区）人民政府（含政府办）及其所属部门制发的规范性文件。对于规范性文件主要内容与国务院、省政府“放管服”改革决策相抵触，或者与涉及的已修改的法律、行政法规不一致的，予以废止；部分内容不一致的，予以修改。市政府及其部门制定的规范性文件已按要求废止的有60件，已按要求修改的有21件，拟废止的有28件，拟修改的有23件；县级政府及其部门制定的规范性文件已按要求废止的有283件，已按要求修改的有90件，拟废止的有166件，拟修改的有54件。

雅安对于凡是以市政府名义印发的规范性文件，要求必须经过市政府法制办的合法性审查和市监察局的廉洁性审查；对于未经合法性、廉洁性审查或审查未通过的，一律不得提交市政府审议。

在各部门、市（州）制度建设基础上，2018年初《四川省行政规范性文件管理办法》出台施行，同时废止了2010年公布的《四川省行政规范性文件制定和备案规定》。该办法将“三统一”、风险评估、清理制度、合法性审查等予以具体化。

（五）事中事后监管持续发力

加强事中事后监管，是法治政府建设的重要内容。

第一，推进行政执法体制改革。构建统一权威高效的综合行政执法体制机制，是四川省各市（州）不约而同的制度探索。纵观2017年，新型综合执法有序推进。在市场综合监管方面，越来越多的市（州）进行试点，截至评估结束已有8个市（州）至少在本级或县（市、区）进行试点，占比38.10%。四川省委、省政府于2017年2月印发《关于深入推进城市执法体制改革改进城市管理工作的实施意见》，将市政管理、环境管理、交通管理、应急管理和城市规划实施管理等纳入城市管理职责范围，在成都市、德阳市、绵阳市等城市开展试点。在具体做法上，成都市设立综合行政执法局。《成都市城市管理综合行政执法条例》经省人大常委会批准出台实施，新型综合执法有了地方性法规层面的依据支撑。乐山市围绕旅游秩序改善，整合划转工商、物价、交通运输、食药监等10个涉旅部门的执法资源，组建“乐山市旅游综合执法支队”。与此同时，充分发挥景区管委会作为风景名胜区管理机构的直接管理优势，市旅游综合执法支队在景区管委会执法机构挂牌，以往景区管委会的旅游执法主体资格缺失问题得以克服，景区管委会对景区违法行为“看得到但管不到”，而传统市执法机关“管得到但看不到”的困境得以破解。鉴于综合执法普遍存在强制力不足的问题，乐山整合公安机关内的治安、交警、经侦、刑侦等支队涉及旅游的处罚强制权责，组建“市公安局旅游警察支队”，专职对旅游景区和涉旅重点地区路段进行整治管理。由此，乐山市形成了旅体委、旅游警察、旅游巡回法庭、旅游工商多元一体的综合监管模式。不仅拉客、追客、宰客等在其他地方的景区司空见惯的行为在当地得到有力打击，旅游市场秩序焕然一新，而且在体制层面化解以往旅游市场监管九龙治水的尴尬格局。由此，执法条线大幅整合，多头轮流执法、各层级反复执法扰民现象得到减少，执法重心适度下沉，执法效能显著提升。

第二，加强监管执法，有效维护社会经济秩序。在“一单、两库、一细则”的建立运行方面，21个市（州）均建章立制并予以落实，占比100%。内江市威远县将食品药品安全监管的重点置于基层。在体制上，为确保将药品安全作为一把手工程，威远县成立由县委、县政府主要领导担任主任，县委、县政府、县人大常委会、县政协相关领导为副主任，相关部门主要负责人为成员的食品药品安全管理委员会。自2017年8月起，实行由县委书记、县长共同担任主任的“双主任”制。在机构设置方面，按照“一镇一所”的标准配备乡镇食药监所，由镇领导担任所长，明确乡镇食药监所既是县局的派出机构，也是镇党委政府主抓食品药品监管的工作机构。在权责分配上，实行食品药品安全党政同责、属地管理、一岗双责，合理界分内设机构、直属单位、派出机构的事权。加强保障机制建设，确保基层所“四有”，率先完成基层所的标准化建设。在工作上，突出重点难点，将学校食堂、“坝坝宴”等监管难点作为治理重点。

第三，加强执法人员资质管理。着力推动行政执法主体资格清理，实施行政执法人员资格和持证上岗。绵阳、雅安等市（州）均禁止无执法资格的人员履行执法活动，并将清理结果上报省政府法制办。绵阳市 2017 年组织全市申办、换发行政执法证件的 2700 余名执法人员进行公共法律知识的统一考试；通过对行政执法证件进行年度审验，注销行政执法证 961 个、委托执法证 174 个。①

第四，落实重大行政决定法制审核。在行政决定方面，将守法作为公权运行底线。为提升重大执法决定的规范性合法性，泸州市建立“七个一工作法”。一是建立一项制度。出台《泸州市重大执法决定法制审核暂行规定》，明确审核范围、审核程序、审核内容和审核要求。二是形成一张目录清单。编制重大执法决定目录清单，明确审核名称和审核环节。三是明确一份岗位责任。部署法制审核分管领导、科室负责人、具体经办人岗位职责。四是建立一本工作台账。分类建立审核工作台账，做到审核工作件件落实、账册相符。五是使用一枚审核印章。对审核内容予以确认，促进法制审核规范化。六是形成一套审核文书范本。

① 数据参见《绵阳市人民政府法制办公室 2017 年度工作总结》，绵阳市人民政府法制办公室门户网站，网址为：http：//fazb. my. gov. cn/bmwz/943236940608569344/20180212/2215175. html，最近访问日期：2018. 2. 24。

规范审核意见形式，强化审核过程记载。七是建立一本审核档案。强化档案资料管理，保证审核清单、审核台账、审核文书、审核档案的完整统一。

针对“顶格处罚”被滥用问题，广元市对拟顶格处罚的执法决定坚持集体讨论机制，确保处罚结果公平公正。甘孜州则进一步明确重大行政许可、重大行政处罚、重大行政强制等重大行政执法决定的标准和范围，将法制审核、集体讨论的适用、机制和效力进行规范。巴中市借鉴法院量刑规范化的经验，研发“公安行政处罚自动裁量系统”，不仅预设法律规定的151种案由，关联法定量罚基准，匹配对应的违法情节，对应生成273项处罚结果，而且将依法应当“从轻、减轻、从重、加重”处罚情形编写到软件的运算规则之中，将273个处罚结果细化为3276个处罚阶次，并形成裁量基准和软件运算体系。录入基本信息后，即可生成法定的《行政处罚告知笔录》，随后即跳转到《审批报告》制作环节，通过勾选“违法情节、处罚情形”等选项，便可自动生成处罚结果，对于推动基层执法规范化有着积极意义。另外，眉山市着力推动重大行政执法决定法制审核的制度化与标准化，其探索也值得关注。

第五，两法衔接更加顺畅。德阳市环保局与市检察院、市公安局联合印发《关于加强环境违法犯罪案件执法衔接配合工作的通知》（德环发〔2016〕152号），建立起联席联动机制，对环保违法犯罪行为的打击形成无缝对接。绵阳市政府会同市检察院建立行政执法与刑事司法衔接工作领导小组，构建“两法衔接”信息共享平台，现已有387家行政执法单位登录接入该平台。攀枝花市建立起“行政执法＋公检法”的执法联动机制，依法打击环保领域违法犯罪，实现无缝衔接。

（六）政务服务水平再上台阶

第一，行政审批局改革理顺体制。相对集中行政审批是四川法治创新的一道亮丽风景线。早在2008年，成都市在武侯区就批准设立了全国首家行政审批局。成都市武侯区实施的“审管分离”近年来已在四川全省以及省外多地推开。其做法有，一是集中审批事项。到2017年底，武侯全区22个职能部门的128项行政许可事项和45项其他行政权力事项集中到行政审批局办理，集中度达到87%，无须再向各部门单独提交材料。二是集中审批资源。将原来分散全区的13个政务分中心全部入驻新政务中心，审批事项物理集中度达到98%，“一个大厅管服务”。[①] 另外，绵阳市已经实现县级行政许可相对集中全域覆盖，江油市相对集中行政许可权试点也成效显著。

为提升政务服务水平，南充市在市政务服务中心推进集中服务，设立集中受理中心，分设企业设立、国家投资类建设项目、社会投资类建设项目3个集中受理窗口，由市工商局、市发展改革委、市住房和城乡建设局分别牵头受理、办理与之相对应的行政审批工作，相关部门窗口配合，形成项目审批“3+X”审批流程格局。为适应重大项目引进、实施的需求，设置重大项目审批服务处，实行重大项目服务经理制度、联席会议制度。与之类似，雅安市着力打造“一窗一章”模式，统一受理市本级8个职能部门29个行政许可事项，12个部门34大项19小项的省、市、县三级联网审批。广安市主动参与全省政务服务一体化平台试点，将广安市科技和知识产权局、城管执法局、规划局、人力资源和社会保障局及各县（市、区）对应单位纳入试点。

随着互联网和网上政务的推广，四川省各市（州）网上办事发展迅速，21个市（州）均提供在线办理功能，占比达到100%。广安市对于各部门已建立的在线业务办理系统，按照统一标准、规格进行改造，进而与全省网上政务服务平台对接，实

① 参见《成都武侯区实现“一枚印章管审批”快速运行》，《经济日报》2017年12月13日第3版。

现互联互通；而尚未建立在线系统平台的部门单位，则直接使用省统一平台，避免重复建设。攀枝花市西区建立行政权力依法规范公开运行平台和电子政务大厅，全区31个部门5449项行政权力全部实现网上同步运行。

成都市、绵阳市等地创新开展政务服务延时服务制度，在法定工作日中午和周六的全天实行延时服务。自2017年12月1日起，进驻市政务服务大厅的住房公积金、房屋交易与查询、不动产登记与抵押、税费申报与缴纳等公共服务事项窗口，凡是在法定工作日有服务对象在办理未办结的事项时，窗口工作人员主动延长工作时间直至该事项办理完毕。通过电话、网络、微信、手机App等方式预约的办事群众、企业，可在周六9点到17点来办理事项。

第二，主动试点政务服务标准化。在四川全省对行政权力事项、公共服务事项的统一清理基础上，各地将政务服务向基层延伸，现已覆盖21个市（州），覆盖率达100%。广安市按照“同一事项、同一标准、同一编码、同源发布”的原则，认领、清理和公布行政权力事项目录和公共服务事项目录，列明事项名称、设立依据、实施主体等，公布政务服务事项名称、条件、权限、材料、流程，为提供无差异、均等化政务服务奠定基础。广元市人社局全面梳理公共服务事项目录，逐项编制办事指南、格式文本、示范文本，列明办理依据、受理单位、基本流程、申请材料和常见错误示例，以及收费标准及依据、办理时间、咨询方式等内容。由此，办理环节通过梳理编制得以删繁就简；办事企业群众成竹在胸，办事少走弯路更加高效便捷。

精简规范涉企收费事项，着力为企业减负，成为许多市（州）的共识。南充市实行年度动态公示，停征、暂停和取消政府性基金、行政事业性收费45项。其中暂停政府性基金2项，取消政府性基金2项；停征涉企行政事业性收费23项，取消涉企行政事业性收费12项；停征涉及个人等事项的行政事业性收费2项，取消涉及个人等事项的行政事业性收费4项。

（七）打造多位一体监督体系

鉴于行政权力具有广泛性、普遍性、裁量性、扩展性等突出特征，必须加强和完善监督体系。四川省各市（州）利用行政系统的明察暗访、系统垂直的监督检查、媒体监督、通报约谈、社会监督等监督检查机制，多元化的监督体系威力初现。

第一，全面落实行政执法全过程记录制度。通过文字、录音、录像等方式对行政执法行为的全过程予以记录、归档，实现行政执法的全过程留痕和可回溯，对于确保执法过程的文明规范和公正，并减少扰乱执法、外部干预都具有重要意义。2017 年 8 月，四川省人民政府办公厅印发《四川省行政执法公示规定》《四川省行政执法全过程记录规定》《四川省重大行政执法决定法制审核办法》。评估显示，已有 19 个市（州）建立该制度并顺利运行，另外 2 个市（州）也已出台相关文件。典型如，广安市邻水县地税局建立完善行政执法全过程记录制度。编制《行政执法全过程记录事项目录清单》，纳入调查取证、行政强制、留置送达等执法事项 31 项；出台《邻水县地方税务局税务执法记录仪管理办法》并开发执法记录仪管理使用平台，通过该平台实现执法记录事项查询、统计和监督，规范了执法文书和信息系统执法文书电子化档案管理，执法全过程留痕和可回溯管理已然实现。

第二，以案卷评查为抓手规范行政执法。比如，德阳市采取“集中人员、集中时间、集中地点、集中案卷”的方式开展 2017 年度的案卷评查。评查将裁量权的行使情况作为审查重点，对处罚决定书和集体讨论记录中关于处罚种类、幅度的必要性，减轻、从轻情节情况予以审查；为增强重大执法决定法制审查的有效性，在案件评查中对执法部门法制机构的审查情况予以考虑，包括认定事情是否清楚、证据是否确凿充分、适用法律是否准确适当、采取强制措施是否依法合理等方面的审查情况，予以重点把握。

第三，行政复议功能凸显。行政复议既是行政机关内部监督的重要方式，也是行政相对人快速、便捷、低成本获得权利救济的重要渠道。评估显示，四川 21 个市（州）在县级层面有行政复议委员会的改革，行政复议建议办理良好的有 15 个市（州），其他 6 个市（州）也在制度建设、专门文件出台等方面有所动作。

第四，应诉能力显著提升。一是注重学习，提升能力。比如攀枝花市坚持开展“每季度一案例”行政审判观摩庭审活动，有针对性地组织行政机关负责人和执法工作人员旁听庭审。二是出台文件，通过一系列制度机制提升应诉能力。比如，攀枝花市、绵阳市、自贡市、达州市均印发加强行政应诉工作的专门文件，明确行政应诉职责分工，加强应诉能力建设。达州市为推动首长出庭应诉，明确要求负责人确有正当事由不能出庭的，应向人民法院书面说明理由，经人民法院同意后可委托相应的工作人员出庭。在《行政诉讼法》及其司法解释对于负责人界定基础上，达州市还明确要求本机关年度第一起应诉案件、集团诉讼案件、涉外或涉港澳台案件等特定类型的案件，应由行政机关正职负责人出庭应诉。[①] 自贡市出台《自贡市人民政府行政应诉办法实施细则》《自贡市行政机关负责人出庭应诉工作暂行规定》等制度规范。绵阳市还出台专门的《绵阳市行政应诉案件收集、提供证据办法》。三是加强行政应诉工作监督考核。攀枝花市每月对全市行政机关应诉案件负责人出庭情况进行通报，将行政机关负责人出庭应诉率、执行人民法院生效裁判以及行政应诉能力建设情况纳入依法行政年度目标考核，达州市等地也进行了类似的制度设计。四是积极沟通，形成良性互动。四川省各市（州）行政机关克服消极、抗拒心态，与法院行政审判机构积极沟通促成案结事

① 参见《达州市行政机关负责人行政诉讼案件出庭应诉规定》（达市府发〔2017〕19 号）第 6 条、第 7 条。

了。攀枝花市盐边县行政机关负责人出庭应诉率连续两年100%。自贡市还与人民法院建立行政应诉工作联络机制，既主动配合法院开展工作，又定期听取法院的建议、意见。宜宾市高县在行政执法监督检查中，将有行政诉讼、行政复议的案件和被司法建议、复议建议的单位作为工作重点。通过行政诉讼听取民意、改进工作已成为普遍现象。

第五，专门监督制度亮剑。宜宾市将重大政策措施落实情况作为审计重点，特别是“三去一降一补”任务、① 重大建设项目推进、简政放权和“放管服”改革、“营改增”等减税降费、科技创新、大众创业、万众创新等重大决策部署贯彻落实情况，成为审批工作重点。为确保审计监督权行使的独立性，宜宾市审计局全面退出与法定职责无关的各类协调机构和工作；为依法独立做好投资审计，要求审计机关不得参与政府投资项目的可研论证、项目审批、招投标、合同签订、物资采购、项目结算和决算、竣工验收等工程管理工作。由此，切实推动各项政策落实到位，各地不同程度存在的“以文对文”“改革空转”等现象得到一定程度遏制。

（八）互联网+政府深入推进

成都市武侯区构建“互联网+武侯服务”B2G（政企）、R2G（政民）互联互通综合信息平台，推行OTO线上线下全程帮办。

巴中市着力打造升级了“智慧巴中政务服务平台”，打造“全天候智慧政务大厅”，所有办理事项全部网上预审，现已有18个行政许可事项实现全程网上办理，71个事项网上受理，10类权力一网运行。

---

① “三去”指去产能、去库存、去杠杆；“一降”指的是降成本；“一补”指的是补短板。

广安市将网上办事服务，作为提升政务服务效能的重要举措。一方面，按照“应上尽上、全程在线”的理念，积极推动服务事项网上运行。到 2017 年底，“一窗进出、一网运行、一次（集中）踏勘、一体监督”格局初步成形。为提升便民效能，广安市鼓励各区县、园区大胆探索，试点一体化政务服务平台向基层延伸。包括镇街便民服务中心、邮政服务点、村（社区）便民服务室（代办站、代办点）被纳入在内，发挥其政务服务功能。预期到2019 年底，广安市将实现市、县、乡、村四级“互联网 + 政务服务”的全覆盖。绵阳市政府依托政府网站、政务微博、政务微信等，建立健全行政决策的公众参与平台，畅通了参与渠道。

三　发现的主要问题

在肯定2017年四川省各市（州）法治政府推进过程中取得成效的同时，也应清醒地认识到仍存在的问题和瓶颈，应着力予以克服破解。

（一）法制队伍较为薄弱

不少地方的依法治市（州）办、政府法制办，人员配备不足，导致能力受限，合法性审查的执行力度、指导力度不足。包括绵阳市在内的一些市（州），仍有少数市级行政执法部门未设置专门法制机构，而县区政府法制机构多在本级政府办公室挂牌，一般只有3—4人。南充市营山县各乡镇、部门中从事依法治理工作的人员大多数没有法律专业学历，且90%以上身兼数职，很难把主要精力投入依法治理工作。机构设置和编制的缺失，导致客观上法治政府实施进度缓慢、效果局限。

（二）逐级衰减尚未根除

在一些边远地区，法治宣传推进相对薄弱，虽然民风较为淳朴但群众的法治观念往往相对淡薄。“遇事不找法、信访不信法、找人不找法、以闹施压争利”的现象仍不同程度存在。

法治政府建设的目标绩效权重方面，一些地方明显逐级递减。比如，四川省政府对省政府部门依法行政绩效考评权重分值为10分，绵阳市依法行政绩效考评权重是5%，绵阳市政府对县(市、区)、园区依法行政绩效考评权重为1%，而大多数县（市、区）政府、园区管委会对乡镇（街道）政府、部门依法行政考核权重甚至在1%以下。①

（三）推进存在形式主义

重大行政决策的法定程序虽然从中央到地方，都有了比较全面、系统的要求，但在贯彻上却容易流于形式，表面上完成了要求的各项程序，但领导意志主导、公众参与走过场、专家论证成点缀的现象，仍不同程度地存在。部分乡镇在法治工作推进中，往往将上级文件要求生搬硬套，照本宣科，未能结合本地实际。其结果往往是，法治政府各项要求在推进中未能发挥预期效果。一些单位依法行政的示范创建停留在应付层面，检查考核时“一阵风”密集做材料，但法治各项要求并未真正紧密嵌入工作环节之中。应用法治方式推进工作的能力，有待进一步提升。以政务公开为例，达州市人民政府法治政府建设网多个栏目空白。评估结果显示，被评估的21个市（州）均进行了行政审批程序简化的工作，但办事企业群众获得感不强，改头换面、死灰复燃的情况值得警惕。

形式主义的一个重要表现是，各项工作安排部署较晚。例

① 参见《绵阳市法治政府建设领导小组办公室关于2017年度依法行政考核情况的通报》，绵阳市人民政府法制办公室门户网站，网址为：http：//fazb. my. gov. cn/bmwz/943236940608569344/20180118/2191477. html，最后访问日期：2018年3月1日。

如，《乐山市人民政府2017年度法治政府建设工作安排》印发时间为2017年8月30日，虽然有种种自身和其他原因，但距年终只剩4个月的时间才出台当年工作安排，其落实情况势必受到剩余时间有限的影响。《绵阳市人民政府2017年度法治政府建设工作安排》则于2017年6月14日方下发出台，这不利于工作的顺利推进，更不利于其按时完成。

（四）本土机制尚未建立

评估显示，德阳、遂宁等地尚未建立自身的重大决策终身追究、责任倒查机制。据当地反映，其原因是省里已统一建章立制，出台《四川省重大行政决策程序规定》以及《四川省行政决策合法性审查规定》等文件，市（州）层面并无必要重复。但也需注意，各市（州）的重大决策在适用范围、流程环节、责任追究等方面，应将当地自身情况考虑在内。反观国内其他地方，在市（州）层级出台重大决策专门规范的也并不少见，四川省内的南充市、达州市、阿坝州等地已出台此类规范性文件，乐山市也在《乐山市人民政府2017年度法治政府建设工作安排》中提出要“制定行政决策合法性审查实施办法”。显然，今后各市（州）应适时建立体现本地实际情况的行政决策制度机制，增强针对性和可操作性。

（五）公众参与效果不佳

一些政府立法、重大决策的征求公众意见，虽然按照流程按部就班地进行，但公众参与热情不高，征集到的意见屈指可数，缺乏代表性，甚至压根未征集到任何意见。比如，广安等市（区）法制办公开征集2017年的立法项目建议，就未收到任何群众意见。[①] 公众参与的热情高低，与政府机关的反馈情况、采纳情况密切相关。但根据网上公开材料和现场调取的材料，评估结果显示，仍有9个市（州）未形成制度化、公开化的反馈机制及实践，占比达到29.03%。这与中央要求存在较大差距，应当尽快设法改进。

① 参见《广安市人民政府法制办公室关于公开征集2017年立法项目建议的情况反馈》，广安市人民政府门户网站，网址为：http：//www.guang－an.gov.cn/ls－integration/xxgk/info.do？id＝20170901084703－803349－00－000，最后访问日期：2018年2月23日。事实上，法制办通过市政府门户网站、广安在线网站、《广安日报》等媒体对外发布了公开征集2018年立法项目建议的公告，在整整一个月的征集意见期内，同样未收到立法项目建议。参见《广安市人民政府法制办公室关于公开征集2018年立法项目建议的情况反馈》，网址为：http：//www.guang－an.gov.cn/ls－integration/xxgk/info.do？id＝20171102153056－672020－00－000，最后访问日期：2018年2月23日。

四　完善建议

今后，为建设人民满意的服务型政府，需求本位的法治型政府，一方面应全面深入贯彻学习党中央文件精神，强化制度建设，保持落实定力，强化巩固，避免在强力推进之后人走茶凉甚至停滞倒退；另一方面，还应积极探索创新，将法治政府建设不断推向新高潮。在理念上既要注重长远规划，也要强调急用先行。四川法治政府的建设，应当针对每年目标任务完成情况，以及考核评估、依法治理中发现的突出问题和薄弱环节，有针对性地予以研究处置，查漏补缺、整改落实，确保稳扎稳打、全面完成，狠抓落实增强获得感。

（一）与时俱进更新观念适应新时代

在新时代背景下，法治政府的推进应当秉持新的理念。一是在信息化时代背景下，树立信用监管与信用治理的理念。二是公众权利意识勃兴的背景下，树立起程序正当和回应型政府的观念。三是在全面依法治国的背景下强化责任意识的理念，无论是乱作为还是不作为，均应承担法律责任。四是增强风险防控的观念。

在立案登记制改革深入推进和《最高人民法院关于适用〈中华人民共和国行政诉讼法〉的解释》出台实施的背景下，政府行为遭遇行政诉讼、行政复议的风险有增无减，压力日趋增大。对此，一方面，法治政府建设应当将复议应诉作为重要组成部分，理性看待积极应对，用好法律技能，避免不利后果的发生或扩大；另一方面，行政审批、行政处罚、公共服务等领域的职能行使，都应当提高依法行政水平，以严格规范、公正文明的公权力行使，将法律风险降到最低，防患于未然。

（二）充分利用信息化打造智慧四川

充分利用政务服务集中平台和政务信息互认共享，推进信息互联互通，将跨地区远程办理、跨层级联动办理、跨部门协同办理常态化；与此同时，利用移动互联网技术的深入普及，推动网上服务向自助服务终端、手机移动终端等延伸。由此，从各部门各自现场办理到实体大厅集中办理，到足不出户电脑网上办理，再到随时随地手机终端办理的升级，为办事企业和群众带来最大的便利和最短的时间消耗。在利用信息化增强获得感的同时，还应加强网络和信息安全防护，健全安全保障体系，提升信息安全支撑保障水平和风险防范能力。

（三）探索体制机制改革实现统一精简

应对标中央要求，在中央、其他省份改革基础上，将体制创新、机构改革推向深入。

一是在全省各级普及新型综合执法机构。在省、市（州）、县（市、区）全面推进市场监管机构改革。在具体实施上，应按照国家机构改革精神，在充分借鉴已有改革探索经验的基础上，设立职责全面、边界清晰的市场监管机构。

二是在全省普及政务服务部门。在已有行政审批局改革、政务服务中心改革基础上，设立专门的政务服务局（厅），集中为企业和群众提供实体和在线、新媒体的办事服务。其在线办事系统，更应集中统一，各地方不应重复建设在线政务服务网上平台，而应在“四川政务服务网”的基础之上，做大做强全省统一的系统平台，形成横向覆盖各类行政审批、证明、核准、备案等政务服务相关事项，纵向从省级、市（州）、县（市、区）、镇街到社区的管辖范围，予以直接、集中、统一、标准化的应用。

（四）提升公众参与实效推动多元共治

整合社会各方力量，不断提升依法治理水平。无论是地方立法、重大决策还是规范性文件制定，都对大众产生深远影响，有必要广泛听取各界意见。社会关注度较高的事件、舆情，公众意见建议更是热烈、多样。在中央立法层面，一部法律制定征求到的意见往往达到数万条，《个人所得税法》《劳动合同法》的修订，征求到的意见甚至达到数十万条。随着公众权利意识的勃兴和全社会法治氛围的形成，地方治理公众参与的热情和力度也必将空前高涨。面对日趋增加的意见建议，为避免过于偏重特定类型、照顾特定情绪而挂一漏万，应考虑充分发挥人工智能在意见搜集、整理、筛选方面的应用，按照关联性、适用性、逻辑性等进行梳理，为政府治理提供脉络清晰、观点明确的参考意见。

监管的效能提升也离不开社会各界的参与。比如，为治理食品药品安全监管的老大难问题，内江市威远县委县政府注重发挥各界的主动性。企业与县食品药品监管局签订了食品药品安全承诺书；以村、居委会社区为单位，设置食品药品安全协管员 372 人；以村民小组、居委会社区小组为单位，设置食品药品安全信息员 5274 人。探索各方共同参与、共同监管的模式与格局，有助于消除监管死角，实现共治、共享的政府治理目标。

（五）强化立法推动法治政府更上层楼

在借鉴《湖南省行政程序规定》《广州市依法行政条例》等

地方探索经验的基础上，四川可考虑在省级层面出台关于行政程序、政务公开等方面的专门地方立法。这既可确保四川各级行政机关的公权力运行建立在更加扎实、可操作的法律规范之上，也将为其他省份乃至全国的行政程序立法提供借鉴。

第五篇　政务公开

一　评估概况

公开透明是现代法治政府的本质要求，因此，全面深入推进政务公开工作，是新时期新形势下各级政府和部门的重要工作。本年度，项目组主要围绕规范性文件公开、行政审批信息公开、行政处罚信息公开、政府信息公开工作年度报告、政策解读、依申请公开等方面，对21家市（州）政府2017年开展政务公开的情况进行评估（具体评估指标见表10，评估结果见表11）。

规范性文件是行政机关制发的对不特定多数人的权利义务可能产生影响并可以反复适用的文件总称。因其与社会大众切身利益密切相关，应当对外公开。在规范性文件制定阶段开展预公开，体现了政府为人民服务的工作宗旨，是群众参与决策的重要途径，是实现国家管理、社会管理和自我管理的重要形式。及时让民众了解与己相关的重大行政决策、参与决策，听取来自群众的声音，有助于防止政府决策与社会相脱节，是促进政府行为更加规范、决策更利民生的重要一环。另外，行政机关及时公开规范性文件的备案信息、清理结果，有利于相关人员了解文件内容、文件效力，从而规范自己的行为，遵从文件规定，减少违法违规事件发生。因此，规范性文件公开指标主要考察21家市（州）政府是否在其门户网站或法制办网站公开重大决策草案征集意见信息及意见反馈情况、规范性文件的备案审查信息及其清理结果，是否对已公开的规范性文件标注有效性。

表 10 政务公开板块评估指标

四级指标	五级指标
规范性文件公开（20%）	重大决策预公开（60%）
	规范性文件公开（40%）
行政审批信息公开（20%）	政务服务事项清单（30%）
	行政审批事项的办事指南（40%）
	行政审批结果（30%）
行政处罚信息公开（20%）	行政处罚结果（40%）
	行政处罚结果内容要素（60%）
政府信息公开工作年度报告（10%）	报告可获取性（20%）
	形式新颖性（20%）
	年报内容（60%）
政策解读（15%）	栏目设置（20%）
	政策解读信息（30%）
	解读形式（20%）
	解读内容（30%）
依申请公开（15%）	渠道畅通性（20%）
	答复规范性（80%）

表 11 政务公开板块评估结果 单位：分

排名	市（州）	总分	规范性文件公开（20%）	行政审批信息公开（20%）	行政处罚信息公开（20%）	政府信息公开工作年度报告（10%）	政策解读（15%）	依申请公开（15%）
1	成都	93.82	88.33	100	85.00	91.50	100	100
2	广元	90.50	95.00	100	100	69.95	63.33	100
3	泸州	83.68	70.00	100	100	74.30	48.33	100

续表

排名	市（州）	总分	规范性文件公开（20%）	行政审批信息公开（20%）	行政处罚信息公开（20%）	政府信息公开工作年度报告（10%）	政策解读（15%）	依申请公开（15%）
4	达州	82.40	60.00	100	100	69.00	56.67	100
5	雅安	80.61	56.67	100	85.00	47.75	93.33	90.00
6	宜宾	76.15	85.00	70.00	100	91.50	26.67	80.00
7	乐山	75.72	93.33	70.00	100	85.50	76.67	20.00
8	内江	74.83	56.67	70.00	85.00	79.95	93.33	70.00
9	广安	74.23	86.67	100	0	83.95	100	90.00
10	自贡	73.48	66.67	100	85.00	76.50	83.33	20.00
11	遂宁	73.33	70.00	70.00	100	68.25	23.33	100
12	眉山	71.70	50.00	100	100	87.00	66.67	20.00
13	德阳	71.07	63.33	100	100	81.50	48.33	20.00
14	绵阳	68.83	56.67	100	100	75.00	46.67	20.00
15	攀枝花	67.45	70.00	70.00	100	79.45	56.67	20.00
16	巴中	60.67	45.00	100	0	66.73	76.67	90.00
17	南充	56.96	86.67	100	0	78.80	58.33	20.00
18	甘孜	48.50	50.00	70.00	0	62.45	41.67	80.00
19	阿坝	47.57	63.33	70.00	0	91.50	58.33	20.00
20	凉山	47.05	50.00	70.00	0	95.50	70.00	20.00
21	资阳	36.98	50.00	70.00	0	67.25	21.67	20.00

行政审批信息公开是加强政府简政放权、优化服务，方便群众和企业办事的重要手段。国务院办公厅印发的《2017 年政务公开工作要点》要求，大力推进“互联网 + 政务服务”，年内完成政务服务事项目录编制工作，通过本级政府门户网站集中全面

公开；省级政府要建成一体化网上政务服务平台，优先推动企业注册登记、项目投资、创业创新以及与群众生活密切相关的服务事项上网，加快实体政务大厅与网上服务平台融合发展，让企业和群众办事更加便捷。国务院办公厅印发的《政府网站发展指引》要求，政府网站要设置统一的办事服务入口，发布本地区、本部门政务服务事项目录，集中提供在线服务；要编制网站在线服务资源清单，按主题、对象等维度，对服务事项进行科学分类、统一命名、合理展现；应标明每一服务事项网上可办理程度，能全程在线办理的要集中突出展现；对非政务服务事项要严格审核，谨慎提供，确保安全。《国务院关于加快推进“互联网+政务服务”工作的指导意见》要求，各省（区、市）人民政府、国务院各部门要依据法定职能全面梳理行政机关、公共企事业单位直接面向社会公众提供的具体办事服务事项，编制政务服务事项目录，2017年底前通过本级政府门户网站集中公开发布，并实时更新、动态管理。《四川省行政许可和行政处罚等信用信息公示工作实施方案》要求，统一规范公示窗口和公示方式。各市（州）、县（市、区）政府工作部门原则上要在行政许可、行政处罚作出决定之日起7个工作日内在作出行政决定部门的门户网站及本级政府门户网站进行公示，并由本级政府门户网站同步将公示内容推送至省政府门户网站。为此，行政审批信息公开指标主要考察各市（州）政府是否公开政务服务事项清单、行政审批事项办事指南和安全生产监督管理领域的行政审批结果。

行政处罚信息公开是规范市场执法行为，警示市场主体活动，发挥政府信息的管理和服务作用的重要方式。行政处罚信息公开指标主要考察各市（州）政府是否公开安全生产监督管理领域的行政处罚结果。

政府信息公开工作年度报告是政府机关对上一年度本机关政府信息公开工作的总结，按照《政府信息公开条例》（以下简称《条例》）规定，年度报告应向社会发布，接受社会的检验、监督和评议。《条例》第 32 条规定：“政府信息公开工作年度报告应当包括下列内容：（一）行政机关主动公开政府信息的情况；（二）行政机关依申请公开政府信息和不予公开政府信息的情况；（三）政府信息公开的收费及减免情况；（四）因政府信息公开申请行政复议、提起行政诉讼的情况；（五）政府信息公开工作存在的主要问题及改进情况；（六）其他需要报告的事项。”根据《条例》的要求，各地区各部门须结合实际情况认真贯彻执行。为此，政府信息公开工作年度报告指标主要考察各市（州）政府信息公开工作年度报告的发布情况、年度报告是否具有新颖性以及报告的内容是否全面。

中共中央办公厅、国务院办公厅印发的《关于全面推进政务公开工作的意见》要求强化政策解读，加强各地区各部门政策解读工作。因此，政策解读指标主要考察政策解读栏目设置情况、政策解读信息公开情况、政策解读的形式与内容。

依申请公开信息和主动公开信息是政府信息公开的两种基本方式，前者是行政机关为满足特定公民、法人或其他组织的信息需求而提供的“点”对“点”服务，不同于后者对社会大众的“点”对“面”服务，两者之间互补且可相互转换。提高行政机关依申请公开工作水平，不仅是推进政务公开工作的重中之重，有助于提升主动公开工作水平，更是提高政府透明度的支柱力量。项目组以个人名义，于 2018 年 2 月 6 日，通过挂号信的方式，向四川省 21 家市（州）政府民政局发送了内容一致的政府信息公开申请，主要考察各个评估对象依申请公开渠道畅通性，答复时间、内容及形式的合规性。

二　亮点与创新

（一）决策预公开稳步推进

第一，普遍设置意见征集栏目。评估发现，21 家市（州）政府门户网站都在首页或者“互动交流”“政民互动”栏目下设置了“民意征集”“网上调查”“意见征集”等栏目。有 17 家市（州）政府有效利用了该栏目，专门用以发布重大决策草案或征集意见稿以及其他的一些意见征集和问卷调查事项，占比 80.95%，如成都市、乐山市、德阳市等。

第二，部分设置了结果反馈栏目。评估发现，少数市（州）政府网站直接设置了结果反馈栏目或者在征求意见公告后设置了以“处理情况”“结果反馈”为名的板块，便于群众直观地了解其他人对于决策的意见或建议，了解自己的建议是否被采纳。有 14 家市（州）政府网站设置了相应栏目，占比 66.67%，其中，有效利用该栏目发布相关意见采纳情况和结果反馈的有 7 家，占比 33.33%，如乐山市、德阳市、达州市等。

第三，普遍进行了重大决策草案的意见征集。评估发现，21 家市（州）政府网站都公开了关于意见征集的内容。其中 20 家市（州）政府公开了其征集意见稿，占比 95.24%；有 19 家市（州）政府公开了其意见征集渠道，占比 90.48%；有 21 家市（州）政府公开了其意见征集的期限，占比 100%。

（二）规范性文件公开较好

第一，部分设置规范性文件备案栏目，方便查找。评估发现，有12家市（州）政府的法制办网站设置了以“规范性文件”“审查备案”等为名的栏目，占比57.14%；其中，有效利用该栏目发布了规范性文件备案审查信息的有7家，占比33.33%，如成都市、攀枝花市、广元市、绵阳市等。

第二，规范性文件有效性标注情况较好。评估发现，21家市（州）政府门户网站或其法制办网站均对其规范性文件的有效性进行了标注，有的说明其规范性文件从何时开始施行以及其有效期，有的则直接标注是否有效，一目了然。其中，只有南充市政府网站在其发布的规范性文件页面顶端介绍规范性文件分类、性质、公布日期及其有效与否。

第三，多数公布了规范性文件清理结果。评估发现，有17家市（州）政府门户网站或法制办网站中公布了其近三年内的规范性文件的清理结果，占比80.95%。

（三）审批公开水平较高

第一，普遍注重公开政务服务事项清单。政务服务事项清单包括两个方面：权力清单和公共服务事项目录。评估发现，21家市（州）政府均公开了上述清单，公开率达到100%，这有利于公众对政府的权力和服务事项有更加直观、生动的把握和了解，更方便公众生活和办事。

第二，四川省建成了一体化网上服务平台。评估发现，四川省已经建成了一体化的网上服务平台，平台分省级、市级、县区级3个等级，公开了个人和法人服务事项、权责清单和公共服务清单、服务咨询和通知公告、统计数据等栏目，并设有咨询、建议、投诉等政民互动的通道。其中，公共服务清单分别按主题和部门划分，有窗口办理、原件预审、原件核验、全程网办4个多选筛选项，提升了群众寻找办事指南的效率。

第三，行政审批事项办事指南内容完整、明确。各市（州）政府普遍注重公开行政审批事项办事指南。第一，21家市（州）政府公开的行政审批事项办事指南的内容要素均较为完整，包括办理依据、申请条件、申报材料、办理流程、办理时限、办理地点、收费标准等要素，相关内容均统一公开在四川省网上服务平台。第二，全部21家市（州）政府发布的行政审批事项指南均清楚明确，无模糊表述。如此，群众在了解办事规则时会更加清楚和全面，方便其办事。

（四）处罚信息方便查找

在所有评估对象中，绵阳市的行政处罚信息公开情况最为突出。在绵阳市政府门户网站的重点领域信息专栏中，专设安全生产栏目，下设生产安全事故公开及行政处罚信息链接，其中公开的行政处罚信息不仅方便查询而且要素完整。

（五）规范发布年度报告

第一，普遍发布年度报告。《条例》第15条规定：“行政机关应当将主动公开的政府信息，通过政府公报、政府网站、新闻发布会以及报刊、广播、电视等便于公众知晓的方式公开。”评估发现，21家市（州）政府全部在其门户网站首页或政务公开专栏中设置了年度报告的栏目，并且，21家市（州）政府全部发布了2016年年度报告。6家市（州）政府在本级政府网站完整发布了2008年至2015年年报，仅1家市（州）政府通过四川省政府网站发布了部分年报。

第二，注重年度报告的易获取及可读性。评估发现，21 家市（州）政府 2016 年年报全部实现可复制可下载；11 家市（州）政府通过配图表、音频视频等方式丰富了 2016 年年度报告内容。比如，成都市将其年度报告制作成了 PDF 格式，样式精美，内容完整，集创新与实用于一体。不少行政机关如绵阳市和凉山彝族自治州在年度报告中加入了详细的图表，增强了年度报告的可视性。

（六）政策解读表现优异

第一，普遍设置政策解读专栏。评估发现，21 家市（州）政府普遍设置了政策解读专栏，设置率达 100%，且本次评估的 21 家市（州）政府中，均以“政策解读”或“文件解读”等语义明显的名字命名专栏，且均设置在门户网站的主页或者政务公开栏目的明显位置。

第二，普遍发布政策解读信息。评估发现，21 家市（州）政府普遍发布了本级政策解读信息，发布率为 100%，且均在政策解读栏目内发布本级政策解读信息。尽管仍有少数市（州）政府发布的政策解读信息多为解读上级政策，如泸州市、资阳市等，但 21 家市（州）政府均或多或少地在政策解读栏目下发布了本级政策解读信息。

第三，部分评估对象注重同步发布政策文件与解读材料。评估发现，有 11 家市（州）政府在政策文件上网公开后的 3 个工作日内发布了政策解读材料，约占评估对象总数的 52.38%，符合《关于全面推进政务公开工作的意见》关于“文件公布时，相关解读材料应与文件同步在政府网站和媒体发布”的要求。

第四，部分政策解读内容要素全面。评估发现，有 17 家市（州）政府在政策解读中对制度设计作了说明，约占评估对象总数的 80.95%，有 12 家在政策解读中说明了政策制定的背景因素，约占评估对象总数的57.14%。

（七）依申请公开较规范

第一，申请渠道全部畅通。各评估对象门户网站公开的政府信息公开指南所列的接收政府信息公开申请的寄送信函地址或电子平台地址应准确无误，确保申请人提交申请及时有效，无退信等申请受阻碍的情形。评估发现，21家市（州）民政局信函申请渠道畅通，能够顺利签收项目组邮寄的政府信息公开申请表等材料。

第二，答复格式基本规范。政府信息公开答复告知书代表了行政机关的意志，在其出具该告知书时应做到权威、正式，如答复书形式上应至少具备落款及公章。评估发现，在作出答复的11家市（州）民政局中，除了内江市、宜宾市、广安市、雅安市民政局未加盖本单位公章外，其余如广元市、泸州市等7家市（州）民政局，均提供了纸质答复公文，既有落款单位，也包含公章。

第三，公开申请信息的答复符合要求。《政府信息公开条例》第21条规定：对申请公开的政府信息，属于公开范围的，应当告知申请人获取该政府信息的方式和途径。评估发现，成都市、泸州市、广元市、遂宁市、广安市、达州市、雅安市7家市（州）的民政局均作出了决定公开的答复，成都市、泸州市民政局对申请所需的信息已主动公开，按照要求向申请人提供了获取政府信息的方式和途径，其余以直接公开的方式答复申请人的5家市（州）的民政局皆详尽说明事实情况。

三　发现的主要问题

（一）反馈意见采纳情况并不理想

反馈意见采纳情况的公开不理想。评估发现，有 12 家市（州）政府网站未公开意见征集的整体情况，占比 57.14%；有 13 家政府网站未公开其意见采纳情况，占比 80.95%；有 14 家政府网站未公开其对意见不采纳的理由，占比 85.71%。

（二）规范性文件公开仍有待加强

第一，规范性文件备案审查信息的公开情况不理想。评估发现，有 11 家市（州）政府未公布 2017 年度的规范性文件备案审查信息，占比 52.38%。

第二，规范性文件有效性标注不统一。评估发现，21 家市（州）政府门户网站或其法制办网站虽然均已标注规范性文件的有效性，但是有部分市（州）政府并非对其所有的规范性文件都标注有效性，而是有的进行了标注，有的没有进行标注，并不统一，如成都市、乐山市、自贡市、凉山彝族自治州等。

（三）公共服务事项目录不易获取

少数市（州）政府的公共服务清单在政府门户网站上并没有

相应的栏目或者链接，换言之，公众无法在其门户网站上直接找到诸如“公共服务清单”“公共服务目录”等栏目或链接，需要通过门户网站的“四川政务服务”链接到四川政务服务网，才能找到相应城市“公共服务清单”栏目，如成都市、遂宁市，这样的指引并不明确，给公众查找造成不便。而大多数市（州）政府的门户网站上都有明显的诸如“权责清单”“权力清单”的栏目或链接，可见少数市（州）政府在政府信息公开工作中存在不细致的现象。

（四）审批处罚公开仍有提升空间

第一，行政审批结果公开情况不佳。行政审批结果一般公示在三种平台：一是政府门户网站统一公开各部门的行政审批结果；二是各部门网站公开本部门相关行政审批结果；三是企业信用信息平台公开企业相关的所有行政审批内容。在一些省份，如广东省，各市级政府行政审批的结果都公示在“信用信息”平台，平台名称一般是“（城市名）信用网”，如广州市信用网，该平台除公示行政审批结果信息外，还对行政处罚结果信息、统一社会信用代码、守信红名单、失信黑名单等信息进行公示。评估发现，在四川省21家市（州）政府的门户网站或其安全生产监督管理局网站中，有9家未对行政审批结果进行公示。虽然已经有近半数评估对象达到了该要求，但仍有提升空间。

第二，行政处罚结果公开程度不高。评估发现，仅有14家评估对象在市（州）政府门户网站、安全生产监督管理部门网站或企业信用信息网公开2017年安全生产监督管理部门作出的行政处罚结果；而未公开的有7家，占33.33%。

第三，公开的行政处罚结果内容要素不完整。《国家发展和改革委员会关于认真做好行政许可和行政处罚等信用信息公示工作的通知》规定，各部门各地区应公示各项行政处罚事项的行政处罚决定书文号、执法依据、案件名称、行政相对人统一社会信用代码、处罚事由、作出处罚决定的部门、处罚结果和救济渠道等信息，以及作出行政处罚决定部门认为应当公示的相关信息。但评估发现，部分市（州）政府公开的行政处罚结果仍欠缺核心要素。如自贡市安全生产监督管理局门户网站上（按年度）公开的2017年行政处罚信息汇总表及内江市公开的行政处罚信息中缺乏行政处罚依据要素；雅安市公开的行政处罚信息只注明“一般安全生产违法”，未注明主要具体事实；成都市企业信用信息网信用公示专栏公开的行政处罚信息则缺少处罚相对人名称；乐山市、泸州市、德阳市、广元市、遂宁市、宜宾市、达州市、雅安市、眉山市等公布的行政处罚信息中行政处罚依据要素只列了法律法规的条目，没有详细的内容；而眉山市的行政处罚结果只公开了处罚类别，未注明罚款的具体金额，公开得过于简单。

第四，行政处罚结果更新不及时。其一，行政处罚信息公开时间滞后。《国家发展和改革委员会关于认真做好行政许可和行政处罚等信用信息公示工作的通知》明确规定，地方各级政府工作部门要在行政许可和行政处罚作出决定之日起7个工作日内在作出行政决定部门的门户网站进行公示。但评估发现，几乎所有市（州）政府未能在规定时间内在门户网站上公开行政处罚结果。其中自贡市和遂宁市公布的行政处罚信息均为按年度公布，即年初公布上年度整年的行政处罚信息汇总表。其二，未形成常态化公开行政处罚结果的模式。如乐山市和宜宾市安全生产监督管理局门户网站公布行政处罚信息不规律，且时间间隔跳跃性大；广安市政府门户网站及安全生产监督管理局门户网站只有2015年1—10月的行政处罚信息；攀枝花市则只公布了2017年1—4月的行政处罚信息。

第五，行政处罚结果信息发布位置混乱。在评估的21家市（州）政府中，普遍存在未设置行政处罚栏目或行政处罚栏目内信息混乱放置的问题。如南充市政府门户网站上的行政许可和行政处罚信用公开专栏只公开了行政许可信息，行政处罚信息缺失，其安全生产监督管理局门户网站公布的处罚信息是以新闻报道的形式公开的，缺乏必要的行政处罚信息要素。成都市企业信用信息网信用公示专栏公开的行政处罚信息未按处罚部门分类，各部门作出的行政处罚结果按时间顺序杂糅排列，不易查询。内江市政府门户网站的行政处罚结果公示专栏对市级部门和县级部门的行政处罚结果未作区分，未按部门进行分类公示，且公示结果以环保、工商、文化广电部门为主，导致查询困难。泸州市信用网站公布的行政处罚结果信息排序混乱，未按时间及部门分类公示，不易查询。眉山市政府门户网站虽然设置了双公开专栏，但其中行政处罚信息公开专栏却未公开安全生产监督管理部门的行政处罚信息。与之类似的是，自贡市政府门户网站信用平台及资阳市政府门户网站的行政处罚公开信息多以环保、交通等部门为主，没有安全生产监督管理部门的行政处罚信息。

（五）年度报告详细程度有待提升

第一，部分市（州）年报专栏设置不规范，内容混杂未分类。尽管21家市（州）政府均在其网站首页或政务公开栏目中设置了年报专栏，但年报发布方式并不统一。其中一些市（州）政府的年报专栏中本级政府与政府部门年度报告混杂在一起，如自贡市、广元市、遂宁市、资阳市、凉山州、阿坝州6家，给信息查询造成了一定不便。

第二，部分市（州）政府虽然发布了年度报告，但所发布的报告内容与标题存在不一致的现象。例如，广元市在其年报专栏中发布的“关于2013年度政府信息公开工作的情况报告”点开后发现为四川省广元市质量技术监督局的政府信息公开工作年度报告。

第三，往年年度报告的发布情况差强人意，21家市（州）

政府中，仅有6家在本级政府网站完整发布了2008年至2015年年报，占比仅28.57%。其余15家市（州）政府中有14家通过本级政府网站发布了2008年至2015年的部分年报，而甘孜州在其政府网站年报专栏仅发布了2016年年报，该州往年年报只能通过四川省政府网站查询，且仅能查询到2012年至2015年的年度报告。

（六）年度报告统计数据过于简略

第一，依申请公开数据不详细。评估发现，5家市（州）政府对申请方式的分类数据未作说明；4家未能就2016年政府信息公开申请数量居前的事项作出详细说明；无一家对象对2016年政府信息公开申请数量居前的部门作说明；此外，从答复结果来看，绵阳市、达州市2家市（州）政府未能对答复的总体情况予以说明；绵阳市、内江市、广元市、遂宁市、广安市、达州市、雅安市、资阳市、攀枝花市、甘孜州10家市（州）政府未对答复结果作分类说明，占比近一半；巴中市连同以上10家还未对不公开答复作分类说明，占52.38%。

第二，因政府信息公开被诉情况的统计数据不详细。评估发现，21家市（州）政府的政府信息公开工作年度报告大多数公布了因依申请公开引起的被复议、被诉讼情况，但自贡市、遂宁市、雅安市与巴中市4家市（州）政府未阐明复议结果的分类数据，自贡市、遂宁市、眉山市、雅安市与巴中市5家市（州）政府未对不公开答复作分类说明，其中雅安市将被复议与被诉讼数据信息合并公布，未能准确予以区分。

第三，依申请公开收费情况的统计数据不详细。评估发现，21家市（州）政府中有20家能够对因依申请公开收取的费用金额以及依申请公开收费减免情况专门予以列明，但仍有1家未达到要求。

(七)政策解读形式内容有待规范

第一，多数政策解读栏目未分类。评估发现，有 17 家市(州)政府门户网站的政策解读栏目未进行分类。仅有成都市、广安市、雅安市和凉山彝族自治州 4 家市（州）政府在政策解读栏目中进行了分类，其中前 3 家按照政策解读的形式进行了分类，后 1 家按照政策制定的机关等级进行了分类。

第二，多数市（州）政府栏目定位混乱。评估发现，有 10 家政策解读栏目定位混乱，栏目中发布了非政策解读信息。如达州市政策解读专栏中有《同意建立四川省农村统计工作联席会议制度的批复》，攀枝花市文件解读专栏中有关于放假的安排，甘孜藏族羌族自治州政策解读专栏中有《城镇市容和环境卫生管理条例（征求意见稿)》，乐山市政策解读专栏中有大佛景区召开特邀监督员聘任会的新闻，眉山市政策解读专栏中有《网络预约出租汽车经营服务管理暂行办法》，绵阳市政策解读专栏中有《中华人民共和国网络安全法》《政府工作报告（文字实录)》，雅安市政策解读专栏中有《国家统计局关于印发〈企业统计信用管理办法（试行)〉的通知》，宜宾市政策解读专栏中有《“丰收杯”评选结果》。

第三，部分政策解读与政策文件未作关联发布。评估发现，有 16 家市（州）政府发布的政策解读与政策文件之间没有相互链接，仅成都市、内江市、宜宾市、广安市和雅安市这 5 家评估对象的政策解读文件中有对应的政策文件链接。

第四，部分政策解读形式单一。评估发现，有 12 家市（州）政府政策解读形式有文字解读和图解等，但这 12 家中只有广安市政策解读的形式最为多样，既有文字解读，又有图片解读和视频解读等，其他均只有文字解读和图片解读；有 9 家市（州）政府关于本级的政策解读文件均为文字解读，无其他形式。

（八）依申请公开仍存在法律风险

第一，多数机关未履行答复义务。《政府信息公开条例》第24条要求，行政机关收到政府信息公开申请，能够当场答复的，应当当场予以答复，不能当场答复的，应当自收到申请之日起15个工作日内予以答复。评估发现，自贡市、德阳市、乐山市、眉山市及资阳市民政局均在2018年2月9日收到申请人信函，攀枝花市、南充市、凉山彝族自治州民政局均在2018年2月10日签收申请人信函，阿坝藏族羌族自治州与绵阳市民政局分别于2018年2月11日、2018年2月12日签收申请人信函。但以上民政局没有履行政府信息依申请公开的答复职责，既未在15个工作日内向申请人作出相应的答复，也无延长答复期限的告知情况，比例达到47.62%。

第二，不公开决定的答复有待完善。《政府信息公开条例》对申请公开的政府信息作了区分，明确不同情况下，行政机关的答复是有区别的。尤其是对申请内容不属于政府信息、申请的政府信息不属于本机关政府信息公开范围的，行政机关不仅要告知不公开这一事实外，还要讲明原因，正确引用作出此类答复决定的法律依据。再者，依申请公开答复行为属于行政机关作出的行政行为，行政行为本身是可复议可被诉的。从保障申请人知情权及监督行政机关依法行政的角度出发，特别是不公开答复决定的作出使得申请人无法通过依申请公开的途径获得想要的信息，可能会影响到自身利益的，行政机关应当在答复告知书中写明救济渠道。

评估发现，一些市（州）民政局不公开答复告知书内容不完整。在作出不公开答复决定的内江市、宜宾市、巴中市、甘孜藏族羌族自治州4家市（州）民政局中，虽都告知申请人不公开的理由，但并未告知申请人如果对答复行为不服，可以采用申请行政复议或提起行政诉讼这两大救济途径，当然也无关于救济途径的救济时间及救济受理机关的说明。另外，内江市及甘孜藏族羌族自治州民政局在作出答复决定时都没有引用相关法律依据。

（九）平台建设水平仍然有待提高

政府门户网站是政务公开的第一平台，其建设水平直接关系到政务公开的效果。评估发现，政务公开平台建设仍存在以下两方面问题。第一，部分市（州）政府法制办网站链接无效。政府法制办网站是群众了解法律、法规、规章等规范性文件的重要途径，是学习法律、了解法制的重要窗口，但眉山市和广安市 2 家市（州）政府的法制办网站无法打开，占比 9.52%。第二，部分政府门户网站的站内搜索功能无法使用。在此次评估中，成都市与遂宁市的政府门户网站站内搜索功能无法使用。

四 完善建议

党的十九大再次强调，政务公开是法治政府建设的重要手段，是简政放权、深化行政体制改革的重要方式，是保障公众切身利益的重要内容。建议从如下方面进一步拓展政务公开的广度和深度，提升公开质量和效果。

第一，树立政务公开的新理念。政务公开已不仅仅是行政机关单向性地主动公开信息和被动地依申请公开信息，而应当按照信息发布、政策解读、回应关切三位一体的理念推动政务公开工作，扩大公众的参与范围，使其充分参与政府治理，构建良好的政民关系。

第二，突出队伍建设。政务公开工作专业性强，专门的机构和专职人员是做好政务公开工作的重要保障。应尽可能地保证政务公开工作人员的编制和稳定性。在精简行政体制和编制的情况下，充分利用其他部门空出来的编制或职位也是方法之一。

第三，加强政务公开培训。政务公开工作人员的业务水平是提升政务公开的关键。应重视对政务公开形势的宣讲，提升全体公务人员的公开意识。通过定期组织政务公开培训、专题培训、小组化讨论式培训等方式提升专职人员的专业能力。

第四，以基层政务公开标准化试点为契机，规范公开工作。一是补充仍需完善的制度和相关工作机制，梳理政务公开事项，编制政务公开标准，从而形成细化且具有可操作性的政务公开标准；二是总结以往的工作经验和好的做法，将其加入政务公开标准化中统一推广，拓展政务公开的广度和深度，完善公开方式，提升公开质量。

第五，优化政务公开平台。政务公开平台建设水平决定着政务公开的效果。应加强政府网站信息化建设，拓展政务公开多元化渠道，因时因地选择政务公开方式，以方便获取的方式公开，提升群众满意度。

第六篇　司法建设

一　评估概况

根据“四川省市（州）法治第三方评估指标体系”，司法建设板块分为司法改革、破解执行难、司法公开和检务公开四部分（具体指标见表12）。

表12　**司法建设板块评估指标**

二级指标	三级指标
司法改革（20%）	员额制改革（30%）
	司法责任改革（30%）
	依法履职保护（40%）
司法公开（30%）	审务公开（20%）
	审判公开（30%）
	数据公开（20%）
	执行公开（20%）
	司法改革（10%）
检务公开（30%）	基本信息（20%）
	检务指南（30%）
	检务活动（30%）
	统计总结（20%）
破解执行难（20%）	执行指挥中心的建设情况（30%）
	执行人员保障（30%）
	地方党委、人大、政府支持（40%）

（一）司法改革

司法改革分为3个板块，分别是员额制改革、司法责任改革和依法履职保护。员额制改革主要评估各市（州）员额制改革推进的情况，如法官、检察官入额遴选工作方案、考试方案、情况报告、分类定岗情况、司法辅助人员和司法行政人员分类管理改革工作实施情况等。司法责任改革主要评估各市（州）司法责任倒查和司法责任终身追究制度的落实情况，如是否制定过相关责任追究的办法、考评细则等。依法履职保护则主要评估司法人员依法履职保护制度的建立和完善情况，包括法官权利保障委员会的设立情况、《保护司法人员依法履行法定职责规定》的落实情况等。四川省各市（州）司法改革评估结果见表13。

表13　　司法建设板块（司法改革部分）评估结果　　单位：分

市（州）	总分	员额制改革（30%）	司法责任改革（30%）	依法履职保护（40%）
成都	100	100	100	100
自贡	100	100	100	100
攀枝花	100	100	100	100
泸州	100	100	100	100
德阳	100	100	100	100
绵阳	100	100	100	100
广元	100	100	100	100
遂宁	100	100	100	100
内江	100	100	100	100
乐山	100	100	100	100
南充	100	100	100	100
宜宾	100	100	100	100

续表

市（州）	总分	员额制改革（30%）	司法责任改革（30%）	依法履职保护（40%）
广安	100	100	100	100
达州	100	100	100	100
巴中	100	100	100	100
雅安	100	100	100	100
眉山	100	100	100	100
资阳	100	100	100	100
阿坝	100	100	100	100
凉山	100	100	100	100
甘孜	100	100	100	100

（二）司法公开

司法公开包括审务公开、审判公开、执行公开、数据公开和司法改革5个指标。

审务公开主要是指与审判执行相关的司法行政事务的公开，包括平台建设、人员信息、规范性文件以及任职回避信息等内容。之前评估的网站健康度（包括首页不可用率、首页栏目信息是否更新、网站是否被搜索引擎收录、首页不可用链接、其他页面不可用链接、附件不可下载个数、严重错别字个数、网页内容是否可复制8项内容）各个法院已经达到基本理想的状态，因此网站健康度不再作为本次评估的内容。平台建设评估的重点是从法院门户网站的有效性和友好性两个方面进行评估；人员信息则从法院领导姓名、学习工作简历、职务及分管事项，审判人员的姓名、学历及法官等级，书记员姓名3个方面进行评估；另外，2017年度新增任职回避信息指标，旨在考察法官任职回避的落实和公开情况，便于群众监督。

审判公开板块包括诉讼指南公开、庭审公开、审判流程公开和审后公开。其中，诉讼指南公开不仅是庭前对当事人提供诉讼服务的重要工作，也是准备进行诉讼活动的当事人浏览法院网站的主要目的之一，该指标评估诉讼指南公开信息的准确性、便捷性和全面性；庭审公开除了公众旁听、庭审视频公开和庭审文字直播之外，增加了院庭长审理案件的庭审直播指标；审判流程公开是深化司法公开的重要举措，主要考察法院是否公开了重要流程节点；审后公开主要是指减刑、假释公开、裁判文书公开和司法建议的公开情况。2017 年司法文书公开指标重点对裁判文书的反向公开情况加以评估，即是否公开不上网文书的数量、案号、理由等。2017 年度还新增司法建议公开指标，评估法院是否公开了司法建议的对象、主要内容等。

执行公开包括执行指南的公开、终本案件信息公开、执行曝光、执行惩戒公开、执行举报等。2017 年，项目组在前一年增设终本案件信息指标的基础上增加了该指标的权重。由于在司法实践中不少法院为提高结案率往往会将不应当终本的案件按照终本处理，2016 年 10 月 29 日最高人民法院颁布了《关于严格规范终结本次执行程序的规定（试行)》，不仅明确了终本案件的适用条件，还要求终本裁定书在互联网上公开。政府机关、公职人员、人大代表、政协委员应当作为遵纪守法的楷模，自动履行法院判决义务，为此，项目组增加了对曝光上述特殊主体不履行生效判决情况的考察，引导法院将上述特殊主体不主动履行法院判决的情况予以公开。

数据公开指标分财务数据和司法业务数据两大类，前者包括预决算、三公经费和涉案款物数据的公开，后者指法院的年度工作报告、年报、白皮书或专题报告、案件统计数据等信息的公开。2017 年项目组对同类预决算数据予以合并、简化，同时在司法业务数据原有指标基础上增加了三级指标破产案件公开，引导法院更加全面、细致地公开司法业务数据等指标。

2017 年，司法改革各项措施在全国各级法院全面铺开、落地，司法改革信息作为司法透明度的一级指标，增加了权重和分值。司法改革信息公开共设置立案登记制、案外干预记录和领导干部办案情况 3 个二级指标。

四川省各市（州）司法公开评估结果见表 14。

表 14　**司法建设板块（司法公开部分）评估结果**　单位：分

排名	市（州）	总分	审务公开（20%）	审判公开（30%）	数据公开（20%）	执行公开（20%）	司法改革（10%）
1	成都	75.18	70.50	79.50	78.13	69.00	78.00
2	攀枝花	64.23	90.00	58.50	58.13	49.00	72.50
3	眉山	60.73	78.00	56.50	56.88	49.00	70.00
4	达州	57.43	60.50	60.00	60.63	41.00	70.00
5	泸州	55.45	52.00	52.50	41.25	69.00	72.50
6	遂宁	54.73	57.00	61.50	49.38	65.00	20.00
7	南充	54.43	70.00	55.50	36.88	51.00	62.00
8	宜宾	53.78	74.00	61.50	60.63	32.00	20.00
9	绵阳	51.58	61.00	48.00	39.38	65.00	41.00
10	内江	50.95	54.00	49.50	70.00	29.00	55.00
11	资阳	49.28	73.00	45.00	46.88	49.00	20.00
12	乐山	47.25	65.50	52.50	27.50	37.00	55.00
13	自贡	46.65	48.00	52.50	37.50	45.00	48.00
14	广元	43.65	55.00	63.00	13.75	45.00	20.00
15	广安	40.50	73.00	48.00	27.50	20.00	20.00
16	阿坝	39.53	70.00	42.00	5.63	24.00	70.00
17	巴中	38.78	76.00	43.50	5.63	37.00	20.00
18	德阳	37.53	44.00	42.00	40.63	30.00	20.00
19	甘孜	33.88	47.00	43.50	5.63	24.00	55.00
20	凉山	31.73	42.00	54.00	5.63	20.00	20.00
21	雅安	31.68	62.00	40.50	5.63	20.00	20.00

(三) 检务公开

检务公开设置了4个指标，分别是基本信息、检务指南、检察活动和统计总结。

基本信息下设网站设置、微平台客户端、机构设置、人员信息4个指标。对门户网站建设的评估包含了门户网站、友好性、便民性3个指标项。设有门户网站是做好检务信息公开的前提。友好性评估是对网站首页是否存在浮动窗口以及可否关闭浮动窗口的检测。浮动窗口的设置是为了便于公众在打开网页的第一时间了解到最新、最重要的信息，但是浮动窗口的存在会造成网页浏览不畅，妨碍正常的网页访问，因此浮动窗口是否设置关闭功能是门户网站设置友好与否的重要指标。便民性评估是对网站是否设置站内搜索引擎以及搜索引擎的实用性的检测。有效且分类清晰的搜索引擎能够使公众迅速获得所需查找的相关信息。将微平台客户端放在基本信息指标项下是因为近年来网络以及智能手机的发展，使微博、微信（以下简称“两微平台”）的用户使用量剧增，微博、微信发布信息成为公众获取信息的首选，而全国各级检察院也纷纷通过微博账户运营和微信公众号的建设进行信息的公开，网页提供微博、微信链接也走向普遍。内设机构主要评估检察院机构设置、职能以及联系方式等内容。人员信息主要评估领导及人员监督员的基本信息情况。

检务指南下设工作流程、诉讼须知、咨询平台、公益诉讼和新闻发布会5个指标。工作流程下主要涉及3个平台的建设情况，分别是案件查询、辩护与代理预约申请、行贿案件档案查询。诉讼须知项下包括刑事申诉须知、民事行政申诉须知、刑事不起诉须知、检索检察须知、国家赔偿须知和刑事诉讼法律援助须知，这些内容的公开可以为当事人办事提供方便，正契合了网站公开的初衷。咨询平台的设置是为拉近检察院和当事人之间的距离，更好地为当事人答疑解惑，因此，平台咨询反馈是否及时以及咨询答复内容是否公开可见便成为了评估的主要指标。设置公益诉讼这一项目是因为在《行政诉讼法》和《民事诉讼法》的修订完成后，检察机关负有提起公益诉讼职责，因此评估仅对网站是否公开相关法条和指南进行评估。新闻发布会是将网站是否有新闻发布会信息纳入评估体系。

检察活动分法律文书、申诉审查、重要案件信息3个指标。法律文书评估检察院所制作的起诉书、检察建议、量刑建议、检察意见、抗诉书、刑事申诉复查决定书6项文书的公开情况；申诉审查评估审查公告发布时间、内容等的公开情况；重要案件信息评估检察院办理的重要案件查办情况向社会进行公开的情况。

统计总结包括3个主要部分：检察报告、财政信息和文书统计。检察报告评估的是检察院工作报告的公开情况，具体包括年度报告栏目设置和年度报告全文内容公开情况；财政信息评估检察院近两年财政预算、决算以及三公经费支出等信息的公开情况；文书统计主要评估每年公开文书的种类、数量的统计情况。

四川省各市（州）检务公开评估结果见表15。

表15　**司法建设板块（检务公开部分）评估结果**　单位：分

排名	市（州）	总分	基本信息（20%）	检务指南（30%）	检务活动（30%）	统计总结（20%）
1	眉山	50.30	60.75	40.50	52.00	52.00
2	资阳	49.55	45.75	50.00	38.00	70.00
3	宜宾	47.55	78.25	29.00	38.00	59.00
4	雅安	44.80	60.75	53.50	52.00	5.00
5	成都	43.28	54.00	46.60	40.00	32.50
6	广安	43.25	57.00	37.50	32.00	55.00

续表

排名	市（州）	总分	基本信息（20%）	检务指南（30%）	检务活动（30%）	统计总结（20%）
7	达州	41.25	51.00	55.50	38.00	15.00
8	巴中	39.75	53.25	35.00	38.00	36.00
9	攀枝花	38.95	57.00	48.50	14.00	44.00
10	德阳	38.50	64.50	36.00	32.00	26.00
11	遂宁	36.58	54.00	31.25	32.00	34.00
12	绵阳	36.05	47.25	24.00	38.00	40.00
13	乐山	35.15	57.75	18.00	38.00	34.00
14	广元	35.05	60.75	27.00	36.00	20.00
15	泸州	32.75	57.00	12.50	32.00	40.00
16	凉山	31.70	53.25	15.50	32.00	34.00
17	甘孜	30.85	63.75	11.00	32.00	26.00
18	自贡	30.15	42.00	40.50	32.00	0
19	内江	26.65	60.75	8.00	27.00	20.00
20	南充	—	—	—	—	—
21	阿坝	—	—	—	—	—

（四）破解执行难

破解执行难主要从执行指挥中心的建设情况、执行人员保障以及是否得到地方党委、人大、政府支持3个方面，评估执行的保障水平。例如，执行指挥中心的建设与实际应用情况，对于执行人员的保障是否切实到位，地方党政机关、人大等是否制定文件支持执行工作，是否召开解决执行难的联席会议，等等。① 四川省各市（州）解决执行难总体评估结果见表16。

表16　司法建设板块（破解执行难部分）评估结果　单位：分

市（州）	总分	执行指挥中心的建设情况（30%）	执行人员保障（30%）	是否得到地方党委、人大、政府支持（40%）
成都	100	100	100	100
自贡	100	100	100	100
攀枝花	100	100	100	100
泸州	100	100	100	100
德阳	100	100	100	100
绵阳	100	100	100	100
广元	100	100	100	100
遂宁	100	100	100	100
内江	100	100	100	100
乐山	100	100	100	100
南充	100	100	100	100
宜宾	100	100	100	100
广安	100	100	100	100
达州	100	100	100	100
巴中	100	100	100	100
雅安	100	100	100	100

① 解决执行难主要是评估各市（州）是否建立了相应的机制，是否召开了相应的会议，是否下达了相关的要求。而对于机制的落实情况并不在本次评估的范围内。本次评估中执行难各市（州）均建立了相关机制，召开了相关会议，下达了相关要求，但这并不意味着四川省各市（州）已经解决了执行难题，特此说明。

续表

市（州）	总分	执行指挥中心的建设情况（30%）	执行人员保障（30%）	是否得到地方党委、人大、政府支持（40%）
眉山	100	100	100	100
资阳	100	100	100	100
阿坝	100	100	100	100
凉山	100	100	100	100
甘孜	100	100	100	100

（五）总体评估结果

根据上述评估分项结果，四川省各市（州）司法建设的整体评估结果见表17。

表17 司法建设板块总体评估结果 单位：分

排名	市（州）	司法改革（20%）	破解执行难（20%）	司法公开（30%）	检务公开（30%）	总分（满分100分）
1	成都	100	100	75.18	43.28	75.54
2	眉山	100	100	60.73	50.30	73.31
3	攀枝花	100	100	64.23	38.95	70.95
4	宜宾	100	100	53.78	47.55	70.40
5	资阳	100	100	49.28	49.55	69.65
6	达州	100	100	57.43	41.25	69.60
7	遂宁	100	100	54.73	36.58	67.39
8	泸州	100	100	55.45	32.75	66.46
9	绵阳	100	100	51.58	36.05	66.29
10	广安	100	100	40.50	43.25	65.13

续表

排名	市（州）	司法改革（20%）	破解执行难（20%）	司法公开（30%）	检务公开（30%）	总分（满分100分）
11	乐山	100	100	47.25	35.15	64.72
12	广元	100	100	43.65	35.05	63.61
13	巴中	100	100	38.78	39.75	63.56
14	内江	100	100	50.95	26.65	63.28
15	自贡	100	100	46.65	30.15	63.04
16	雅安	100	100	31.68	44.80	62.94
17	德阳	100	100	37.53	38.50	62.81
18	甘孜	100	100	33.88	30.85	59.42
19	凉山	100	100	31.73	31.70	59.03
20	南充	100	100	54.43	0	56.33
21	阿坝	100	100	39.53	0	51.86

二　亮点与创新

（一）司法改革全面落地

评估显示，四川省各市（州）在司法改革过程中，全面落实中央和四川省司法改革文件精神，司法改革稳步推进，改革任务基本完成。

第一，司法员额制改革全面落地。2017 年是全面深化司法体制改革的决战之年。在《四川省司法体制改革试点工作方案》审议通过后，四川省司法体制改革工作正式启动。首先，四川在省级设立法官检察官遴选委员会，统一对法官检察官遴选进行专业把关。省委政法委组织相关部门经过层层筛选，统筹各方力量，组建了专业权威高水准的省法官检察官遴选委员会。委员会共有 57 名委员，分为专门委员和专家委员。专门委员来自省委政法委、省委组织部、省法院、省检察院、省人大内司委、人社厅、司法厅 7 个省级部门，实行职务性安排，具有丰富的组织人事、法学专业等多方面的素养。专家委员有 50 名，分别来自省人大代表、省政协委员、法学专家、审判业务专家、检察业务专家、其他法律实务专家、律师代表 7 个类别，均为资深法律实务与法学理论专家。在遴选过程中，遴选委员会对所有候选人通过初审、复审等环节，分 5 组对所有候选人逐一审查，整理异议焦点，按照 1∶1.1 差额比例遴选出员额法官检察官。

第二，遴选程序合理科学。四川省将遴选公开公正放在第一位，切实提升遴选公信力。一是坚持统一规范遴选。为所有符合基本条件的法官检察官提供同一竞争平台，确保年轻人和年长者都有充分选择权。首轮入额人员中，40 岁以下的中青年法官占比为 37%，检察官占比为 38%。二是客观反映考生能力素质表现，在考核中坚持客观量化评价为主，尽量避免人为过多干扰，影响遴选公正性。三是邀请独立第三方参与和监督。入额考试分别委托国家法官学院、国家检察官学院命题，聘请第三方监考，省委政法委、省委组织部全程监督。四是确保全程公开透明。考试、考核的程序、标准和结果全部在单位公布，以公开促公正，实现“阳光遴选”。在省委政法委、省法院、省检察院设立举报投诉电话，对收到的投诉及时进行调查处理。

第三，科学分配员额比例。按照《四川省司法体制改革试点工作方案》，全省三级法院、检察院全面推进司法体制改革。全省法院、检察院入额比例按照四川省社会体制改革专项小组审议通过的《四川省法官检察官遴选工作指导意见》，严格控制在中央政法专项编制的 35% 以内，为未能入额、有发展潜力的优秀人才进入员额和实行员额动态调剂留下空间。四川省法官检察官遴选委员会差额遴选了全省各级法院的 6551 名法官、4656 名检察官。为切实满足司法工作实际需要，四川省委政法委明确要求，省法院、省检察院对各地市级法院、检察院员额进行整体规划、统一分配、动态调剂。员额分配应当坚持“以案定额”为主，兼顾人口数量、经济发展、交通条件、审级功能差异、司法辅助人员配备等因素，防止简单平均化。各地市级法院、检察院还可以对本地法官检察官进行二次分配调剂。例如，达州市中级人民法院现有政法专项编制 175 名；按照 35% 的控制比例，应核定法官员额 61 名，经省法院党组审批确定的员额 42 名，占编制的 24%，预留 19 名法官员额用于以后的遴选工作。又如，泸州市法院方案考虑政法编制数和案件数两个因素分配员额比例。全市两级法院入额法官员额总数如下：按中央政法编制总数 872 名的

35%计算为305名，以“以案定额”原则计算为377名。综合编制数和案件数，确定本次入额遴选法官296名，预留9个法官员额，由中院在两级法院内统一调配。

第四，建立遴选动态机制。四川的司法机关不仅重视法官检察官员额的遴选工作，还建立了与员额遴选相关的配套制度，先后出台了《四川省法官检察官员额管理和遴选工作指导意见》和《四川省法官检察官员额退出办法》，对员额管理、初任遴选、逐级遴选、公开选拔、员额退出等各类情形进行系统规范，对中央政法委下发的《关于严格执行法官、检察官遴选标准和程序的通知》进行细化落实。其中，在《四川省法官检察官员额退出管理办法（试行)》中，列举了12种法官检察官应当退出员额的情形，分类规定了各种情形的退出程序，设置了相应的救济程序和退出安置程序，确保实现“能上能下”“能进能出”，有效促进法官检察官履职尽责。各市（州）也根据自身情况制定了相关的实施细则和意见，例如，成都市中级人民法院着眼于司法人才队伍的长远建设，为法官、检察官的补充制定了《关于从律师和法学家中公开选拔立法工作者、法官、检察官的意见》和《关于建立法官检察官逐级遴选制度的意见》。又如，广安市中级人民法院制定了《法官常态化遴选与退出工作实施办法》，对员额制法官没有在业务部门亲自办案的；员额制法官入额后在非业务部门任职的；员额制法官年办案数没有达到要求的；员额制法官配偶在本省（市、县）从事律师、司法审计、司法拍卖职业的；领导班子成员配偶、子女在本省（市、县）从事前述职业的；因工作调动，从事行政管理岗位的；因退休或者其他事项，本人提出申请退出员额的等情形之一的；经本人提出或者政治部门提出，院党组研究决定退出员额，并报省法院备案。

（二）司法责任制改革扎实推进

作为全国第三批司法改革试点地区，2017年四川省全面启动司法责任制改革。四川省在落实司法责任制过程中，明确院庭（处）长办案要求，转变院庭长审批案件模式，制定与司法责任制改革要求相适应的法官、检察官业绩考核评价机制。

第一，合理配置办理力量。四川省完善落实司法责任制的制度体系，科学合理组建专业化办案团队，创新方式，加强监督，完善绩效考核机制，有效激励司法责任制落实。改革后，全省法院、检察院85%以上的司法人力资源配置到办案一线，司法办案力量得到大大增强，优秀人才向办案一线流动趋势明显。

第二，严格落实院庭长办案制度，赋予员额法官检察官职权。2017年，四川省严格落实院庭长办案制度，要求入额的院庭长要带头办理重大、疑难、复杂案件。年初召开的全省中级人民法院院长会暨司法改革推进会强调，不办案的院庭长必须退出员额，长期达不到办案任务要求的员额法官，也要实行退出机制。在遂宁两级法院，定期对院庭长办案专项情况通报，建立了包括院庭长在内所有入额法官审判质效公示制度。为推动中基层法院院长办案常态化，遂宁中院配合司法改革进程中的员额制改革工作，制定出台了《全市法院院长办案意见（试行）》。在广安市，根据改革要求，所有的员额检察官均要办理一定数量的案件，市院建立"随机分案为主、指定分案为辅"的案件承办确定机制，要求部门负责人办案不得低于本部门检察官人均办案量的50%；明确检察长等院领导办案规定，定期通报领导办案数量、案件类型、开庭数量等。全市两级院领导带头办理重大疑难复杂案件。

第三，明确责任清单，建立司法档案。2017年，四川省各市（州）严格落实中央司法责任制的要求，在明确司法人员"权力清单"的职责权限、考核司法人员审判业绩、案件质效通报以及建立司法档案等方面提出创新举措。例如，成都市中级人民法院先后印发了《"大部制"改革背景下院庭长职责清单（试行）》《成都市法院工作人员分类管理办法（试行）》以及《审判辅助人员职责清单（试行）》，厘清了从院长到书记员等全部司法人员的职责，规范领导干部、法官和司法辅助人员的司法行为。成都市中级人民法院、南充市人民检察院等出台了详细的绩效考核实施办法、实施细则，将考核结果作为奖惩、晋升、择优遴选、调整岗位等的重要依据，压实员额法官、检察官和司法辅助人员的责任。攀枝花市中级人民法院定期对年度重点案件质量进行评查，并对相关工作情况予以通报。广安市两级检察院按照“一人一档”的要求，对175名员额检察官建立司法档案，全面记录员额检察官办案数量、质量、效率、效果、职业操守、研修成果等业绩指标。

（三）履职保护逐步加强

2017年，四川省大力推进司法人员职业保障制度改革，一是在组织、财政、人社等部门的大力支持配合下，四川省在2017年年初兑现了全省法院、检察院改革基本工资，2017年6月底全面完成司法人员工资改革任务，成为全国率先完成工资改革任务的少数省（自治区、直辖市）之一。一些市（州）还对应落实了司法人员单独职务序列工资套改，例如，有的市（州）检察院于2017年1月就完成了对入额检察官单独职务序列转换套改并于3月份兑现落实。二是四川省稳妥推进省以下地方法院检察院人财物统管，积极协调相关部门推进干部、编制和财物统管工作，参与制定相关意见方案。四川省委政法委会同省委机构编制委员会办公室等部门联合下发《关于省以下地方法院检察院机构编制统一管理有关事项的意见》，对试点单位的机构编制省级统管进行了安排部署，推动省委组织部开展全省法院、检察院干部统管。三是建立法官检察官保障委员会，加强司法人员履职保护。目前，四川高院院机关、19个中级人民法院、102个基层法院组建了法官权益保障委员会，并正式开始运行。例如，四川南充市中级人民法院成立了法官权益保障委员会，该委员会由院长担任主任，主要负责集中受理法官与依法履职保护相关的诉求和控告；组织对法官或其近亲属可能面临的侵害风险进行评估，并采取相应措施；组织对本人或其近亲属的人身、财产权益受到侵害的法官给予救助；与公安机关、新闻主管、网络监管等部门建立与法官依法履职保护相关的预警、应急和联动机制等具体的法官权益保障事宜。四是落实其他政治和福利待遇保障。四川部分市（州）还通过提供其他待遇的方式增强员额法官检察官的工作获得感和职业尊荣感。例如，成都法院对院庭长之外的员额法官进行“提级管理”，具体措施包括建立员额法官轮流列席“三会”制度，按照议事规则的要求，结合议题情况，定期轮流安排员额法官列席党组会、院长办公会、院务会，有计划、有目的地选派员额法官上挂下派学习锻炼，完善挂职锻炼制度，安排员额法官代表参与法官考评委员会等。此外，成都法院还为法官和司法辅助人员购买专项保险，加强职业保障，如为全院干警购买住院职工综合医疗互助险、交通意外险（商业险），为女性干警购买女职工特殊疾病互助险等。

（四）司法公开成效显著

第一，门户网站全面建成。门户网站是司法公开的基础，缺少门户网站，则审判信息、执行信息等司法公开的主要内容缺少展示平台；若存在两个甚至多个网站，则可能会增加公众查找信息的成本。根据评估显示，全省各市（州）法院重视司法公开，21 家市（州）人民法院均建立了本法院门户网站，其中 20 家法院有唯一门户网站且链接有效，广元市中级人民法院建立了两个有效网站。

第二，人员信息公开更加完善。公开人员信息有助于公众了解司法、接近司法、监督司法。评估显示，有 20 家法院公开了领导姓名，14 家法院公开了领导的分管范围，21 家法院公开了审判人员的姓名，11 家法院公开了审判人员的任职时间或法官级别。

第三，审判信息公开内容可圈可点。首先，诉讼指南方面，21 家法院中有 17 家法院诉讼指南栏目内容进行了分类公开，19 家法院公开了全部或者部分诉讼流程，15 家公开了法律文书样本，14 家公开了诉讼费用标准，16 家公开了诉讼风险提示。其次，流程信息公开方面走在全国前列。四川全省建有统一的司法公开平台，当事人可凭账号密码在平台查询在四川省辖区内的案件进展情况，及时了解案件动态。再次，庭审直播情况令人瞩目。评估发现，全省 21 家法院在调研期间均有庭审直播记录，且有的法院还公开了庭审文字直播，如遂宁法院。

（五）检务公开进步明显

第一，网站栏目设置趋向实用。检务公开相关规定往往仅是对公开内容作出了要求，但是对具体公开形式并未给出更为明确的标准，因此各级检察院门户网站对各项公开内容的分栏标准和方式各异。在本次评估中发现有些检察院的栏目设置更加合理，趋向实用性，能够使当事人直观了解栏目设置的目的，快速找到所需要查找的内容。例如达州市检察院设置的公开规定栏目，集中公开法律法规、检察常识和各种办事须知；资阳市、眉山市、广元市等通过检务大厅集中公开检务信息。

第二，机构设置公开更加规范。公开检察院内设机构设置、机构职能和联系电话有助于方便群众办事，也有助于群众行使监督权。在本次评估中，所有设置门户网站的市检察院都在网站首页对机构设置和职能进行公开，宜宾市检察院还在公开的职能信息后提供了机构联系电话。

第三，工作流程信息公开更加到位。一是门户网站首页提供案件信息公开网链接的比率达到 100%。人民检察院案件信息公开网是为规范各级检察院公开案件信息的统一平台，于2014年正式上线使用。二是重要案件信息查办情况公开率达95%。重要案件是指在所属行政区划内发生的有一定影响的案件。公开重要案件信息查办情况，有助于回应群众对有关案件的关切，方便群众进行监督，也体现了检察院秉公办事的决心，能够进一步拉近检察院和群众之间的距离。评估结果显示，能够通过案件信息公开网以及本网双渠道公开重要案件信息的共有3家检察院，占比14.29%；能够通过检察院案件信息公开网公开重要案件信息的有14家，占比66.67%。

第四，两微平台覆盖率进一步提升。互联网时代下智能手机的普及让两微平台发布备受欢迎。在本次评估中，门户网站首页提供微博、微信登陆渠道的比率均达到了95%。这说明各级法院已经对于两微平台发布信息有了高度重视。本年度，项目组还对两微平台的信息内容、信息发布及时性进行了评估，微博信息能够同步更新率达到95%。有14家检察院的官方微博公开公益诉讼相关信息，覆盖率为73.68%；在微信公众号进行相关业务咨询和办理方面，有13家检察机关已具备该功能，占比61.90%。

（六）执行力度持续加大

第一，领导高度重视解决执行难工作。2017年，四川省各级领导高度重视执行难工作，出台各项措施确保两年内基本解决执行难。四川省依法治省领导小组严格落实《关于“两年内基本解决执行难”的工作意见》要求，建立“党委领导、政府支持、政法协调、法院主办、部门配合、社会参与”的基本解决执行难工作格局，四川省委、省政府出台《关于加快推进失信被执行人信用监督、警示和惩戒机制建设的实施意见》，四川省高级人民法院与省公安厅、省工商行政管理局、省质量技术监督局、省地方税务局、省省级住房公积金管理中心等会签执行协作文件，形成综合治理执行难工作态势。各市（州）以有财产可供执行案件“司法大拜年”“失信大曝光”“执行大会战”“拒执大打击”4个专项行动为抓手，有效遏制逃避执行、抗拒执行、干预执行现象。5年来，四川全省对失信被执行人依法纳入失信名单36.33万人，司法拘留9515人，判处刑罚184人，近10%的失信被执行人主动履行债务30.73亿元；2017年四川全省法院有财产可供执行案件13.32万件，执结率为93.43%，执行到位45.53亿元，得到最高人民法院的肯定。

第二，执行联动机制逐步建立完善。解决执行难不能仅靠法院一家，必须动员全社会的力量。建立切实有效的联动机制，在数据对接基础上通过对被执行人涉案信息的共享，国家有关职能部门和社会公众共同对被执行人进行惩罚和制约，才有可能促进被执行人自觉履行义务，最终解决执行难。2017年，省委宣传部、省发展改革委、省公安厅等单位，通过座谈会商、下发纪要文件等方式，切实强化执行联动。四川省各市（州）也发挥主动性，积极整合社会各界力量和资源，构建执行联合体系。各市（州）普遍建立了执行工作联席会议制度，由地方党委政府牵头，联合市纪委、市人民检察院、市政府办公室、市委组织部、市委宣传部、市发展改革委、市公安局、市财政局、市司法局、市国土资源局、市规划建设局、市国税局、市工商局、银行等部门，加大对被执行人的惩戒力度。同时，压实联席会成员单位的责任，例如，遂宁市制定并下发了《关于调整充实遂宁市执行工作联席会议成员单位和修订完善成员单位职责的通知》；德阳市要求年终考核时，法院应该根据支持、协助法院执行工作的实际情况，给各单位打分。此外，对于执行中引发严重危害社会稳定，造成重大群体性事件的单位部门有责任的领导干部及责任人，由联席会议研究后，实行一票否决。攀枝花市公安局还专门制定了《协助人民法院执行工作实施方案》。

第三，执行信息化水平有所提升。执行信息化是法院信息化的重要组成部分。就执行工作而言，无论是执行案件的集中管理、执行过程的公开透明、执行工作的统一指挥、执行财产的查询控制，还是与有关部门的执行联动、对失信被执行人的信用惩戒，都必须以信息化为基础。2017 年，四川法院的执行工作信息化水平不断提升，截至 2017 年 7 月 31 日，省法院分别与人民银行成都分行、四川省银监局，以及省公安厅、民政厅、国土资源厅、工商局、地税局、省级住房公积金管理中心、26 家银行等部门机构，达成共建查控系统的合作共识，并陆续开通“点对点”“总对总”网络执行查控系统。各市（州）都已依据“平台共享、终端自建”的模式建成统一管理、统一协调、统一指挥，辐射辖区基层法院的执行指挥系统。泸州等地的中级人民法院为建成的执行指挥中心大厅配备了液晶显示屏、网络查控专用电脑、视频会议系统、监控系统、视频演示系统，具备执行远程指挥、科技法庭、安防监控、多方联合指挥和远程接访等功能，并与省法院集控中心实现级联。南充市法院与公安、车管、房管等 14 家单位建立点对点查控。

第四，各级各地多措并举支持推动攻克执行难工作。泸州、绵阳、攀枝花、眉山、雅安、资阳、广元苍旺、成都温江、内江市市中区、凉山德格等地通过召开联席会议，落实任务、推进工作。乐山、内江、遂宁、宜宾、成都简阳、广元朝天、达州宣汉、绵阳梓潼、南充南部等市、县 483 名党委、人大、政府、政协领导，352 名人大代表、政协委员出席全省法院“执行大会战”统一行动仪式，见证、支持执行。南充市政协主席带领 20 名市政协委员视察法院执行工作，并形成向市委的专题报告，市委副书记、市长批示有关单位和部门整改问题。乐山夹江县委书记亲任县“利剑行动”专项执行活动领导小组组长，坚持每周听取情况汇报。南充蓬安县纪委书记集中约谈国家公职人员中的失信被执行人。

三　发现的主要问题

（一）员额制改革仍有困难障碍

四川省员额制改革总体上体现了公平公正、公开透明的原则，但是在具体的遴选程序设计、配套制度建设方面仍然值得探讨。一是遴选程序仍然存在可以商榷的地方。例如，四川省各市（州）入额遴选都采取考试和考核相结合的办法。但是对院领导和其他法官的入额遴选标准不统一，值得商榷。院长、副院长不仅不用考试，而且入额资格也更为宽松。例如，内江市中级人民法院要求中院和各基层法院院长以及分管业务工作、符合报名资格条件的副院长考核入额，其他法官考试+考核入额。院级领导和普通法官的入额条件也不一致，2001 年新修订的《法官法》施行后，新任的法官应具备相应范围内适用的法律职业资格证书，但是对院长、副院长却无比要求。二是员额中领导干部的比例过高。由于程序设计、入额资格限制等原因，在员额制改革中，入额法官检察官中领导干部占比较高，不利于调动普通干警的积极性。例如，达州全市法院 340 名入额候选法官中，院长 8 人，副院长 21 人，审委会委员 55 人，庭长 65 人，副庭长 84 人，共计 233 人，占 68.5%，而非领导职务法官共计才 107 人，只占 31.5%。更为重要的是，由于院庭长还要承担大量行政事务，他们的办案任务数显著低于其他法官，那么员额内领导干部占比过大必然导致其他员额法官检察官承担更多更重的审判事务，加剧

"案多人少"矛盾。三是员额法官检察官动态管理的操作规范还需进一步明确。按照《四川省检察机关人员分类管理改革方案》，"检察官、检察辅助人员、司法行政人员三类人员原则应在各自序列内交流，但也可根据工作需要跨序列交流"。但是缺乏具体的操作规范和细节，造成一些市（州）司法机关的人事调动工作陷入困境。例如，入额法官检察官因单位工作需要分别调整到办公室、干部处任职，是直接退出员额，还是报请省遴选工作委员会审批后退出不明确；如果本人申请重新回到业务部门，是否还需要重新参加遴选或遴选委员会重新审批确认政策不明朗；入额法官检察官调至上级法院、检察院业务部门工作，是否可直接转任员额法官检察官及转任程序不明确；等等。这些都造成实践中司法机关内部人员调动面临无法可依的困境。四是司法行政事务过多与行政人员不足的矛盾凸显。本轮司法改革中，为了突出司法业务在司法机关中的重要地位，严格将司法行政人员限制在在编人员的15%比例以内。当前司法行政人员承担着组织政工、思想党建、调研宣传、纪检监察、后勤保障等大量综合行政工作，人员数量与工作事务不成正比，导致司法行政工作无法充分发挥辅助司法工作的作用。以泸州市中级人民法院为例，政法专项编制119名，最多只能配置18名司法行政人员，18名干警需要配置到办公室、政治部、机关党委、监察处、行装处5个部门，远远不能满足工作需要。基层检察院在编制数更少的情况下，所能配置的人员更少，情况更为严重。

（二）司法责任制仍有改善空间

四川省各市（州）法院、检察院在落实司法责任制过程中仍然存在一些问题值得关注。一是院庭长办案责任仍需进一步压实。以法院为例，有的基层法院领导办案上百件，而有的基层法院领导办案数明显不足。虽然完成了上级规定的基本任务数，但是领导带头办案表率作用发挥不充分。个别检察院的内部报告也显示，检察长、副检察长虽然办案数量和质效达到规定要求，但办理重大疑难复杂案件数相对较小。二是“审理者裁判”仍未完全落实。例如，个别检察院虽然制定规范性文件明确了员额检察官、检察辅助人员在司法办案工作中的职责权限，取消部门负责人案件审批权。但是，仍然保留了审批制，只是变“三级审批制”为“两级审批制”。三是取消案件审批后对保障案件质量提出更高要求。取消案件审批后，“同案同判”工作面临新挑战，案件质量存在隐忧。司法责任制改革后，审判权更加分散，法官的自由裁量权增加且司法责任制对法官的业务能力提出更高要求，个别员额法官的业务能力与工作要求尚有一定差距。目前，同案同判的体系化保障机制尚未完全建立。一些法官在独立承担案件审理工作后，责任心不强，制作的裁判文书中文字错误过多，甚至在个别裁判文书中出现上诉法院名称错误的现象。四是新的审判团队运行经验不足。实践中发现，审判辅助人员的业务能力需要提升，员额法官检察官、法官检察官助理、书记员等各类人员的协作配合尚在摸索磨合之中，助理的工作与法官检察官、书记员有交叉重复现象，团队整体效能发挥还需进一步提升。

（三）法官权利保障力度待提升

四川省各市（州）虽然及时转发了《保护司法人员依法履行法定职责规定》的通知，省级机关和大部分市（州）也建立了法官权益保障委员会，但对司法人员权益保障仍然力度不足。一是保障委员会设置不全面，四川省只有部分市（州）的法院设立了法官权益保障委员会，少有检察院建立检察官权益保障委员会，更没有在全省层面设立统一的法官、检察官权益保障委员会。二是保障委员会设立主体地位不高。目前四川省各市（州）的保障委员会都是在司法机关内部设立，但是保障法官检察官不参加非司法事务、法官人身安全保障等都需要当地政府、党委以及其他部门的配合，法官检察官履职保障委员会没有政法委和党委的参与，保障力度有限。三是权利保障委会履行职能有限。法官权利保障委员会履行职能集中在受理法官申诉、对法官实施救助、本院安全设施检查、做好庭审秩序维护、开展安全培训和心理疏导等方面，对于法官经济利益保障、履职保障以及司法实践中更为严重的侵害法官人身安全保障等保护付之阙如。

（四）司法公开尚存在提升空间

第一，网站友好性有待增强。评估发现，四川司法公开平台以及个别法院的网站出现打不开、网站链接无效情况。另外，仍有4家法院网站首页有浮动窗口，影响公众进行浏览。

第二，搜索功能有待优化提升。评估发现，四川统一司法公开平台为开庭公告提供的搜索功能有效性和友好性差，搜索案件不仅要输入验证码，而且选择审理法院名称后点击搜索按钮显示的搜索结果并不是所选法院案件的开庭公告。另外，有个别法院门户网站的搜索功能无效。

第三，栏目内容有待进一步充实、丰富。评估发现，四川司法公开平台栏目建设齐全，但是有的栏目中各法院发布的内容较少。如建有专门的司法改革栏目，但是有18家法院栏目显示“暂无数据”，栏目内容有待进一步补充；又如，有20家法院门户网站没有设置栏目将不上网裁判文书的案号、不上网的理由进行公开，裁判文书的反向公开还未受到重视。

第四，网站易用性仍需增强。评估发现，各个法院的减刑假释立案公示栏目均可以链接到全国法院减刑、假释、暂予监外执行信息网，但不能直接链接到该网的本院页面，公众需要再次选择相应法院查看信息。同样的，各个法院的裁判文书公开栏目均可链接至中国裁判文书网，但是并不是链接到该网的本院页面。

第五，执行信息的公开仍不理想。评估发现，执行常识公开方面，11 家法院公开了其中一项信息或者未公开相关信息；执行曝光公开方面，21 家法院未公开近 3 个月（2017 年 10 月 15 日—2018 年 1 月 15 日）有关限制出境、执行悬赏、特殊主体被执行人曝光、执行惩戒（罚款、拘留及追究刑事责任）的信息；执行举报方面，仍有 14 家法院未公开执行线索举报电话或邮箱。

（五）检务公开力度仍有待加强

第一，个别检察院门户网站建设缺失。互联网时代，门户网站成为信息公开的主要渠道之一。对于检察院来说，通过门户网站进行检务公开能够突破时间、空间的阻碍，使公众以更加便捷的方式了解检察院。2016 年度的评估结果显示，四川省下属所有市检均设置有效的门户网站，门户网站覆盖率 100%，但是在 2017 年度的评估中，项目组经过反复查找、核实，仍然有南充市检察院的门户网站虽找到链接，但在评估期内网页始终无法打开，阿坝藏族羌族自治州没有查找到相关网站链接。①

第二，部分检察院门户网站运行不稳定。评估过程中，项目组成员通过浏览各检察院门户网站进行信息公开的评估，但是在评估中发现网站运行不稳定的现象突出，很多网站链接存在时而有效时而无效的现象。评估组通过改变访问时间、不定期多次访问、切换浏览器访问等方式才能完成最终的评估和复查。例如在本报告撰写期间，项目组依次快速浏览了 21 家市检网站，仍有成都市、宜宾市、凉山州 3 家检察院的门户网站链接无法打开。以本次考查

① 需指出的是，在全书统稿之际，南充、阿坝两地检察机关的官方网站已经可以打开。考虑到已超过评估和复查的期限，故以评估期结果为准。

为准，运行不稳定网站占比 15.8%，网站的不稳定会使公众使用网站查询信息受阻，无法保证信息公开的及时性和有效性。

第三，年度工作报告公开还需加强。评估显示，设置门户网站的评估对象中，设有工作报告栏目的检察院有 11 家，有内容无栏目的检察院有 3 家，仍然有 5 家检察院网站没有相关内容。而具体到公开报告的内容和时效性评估结果更是令人唏嘘，近两年的工作报告，能公开 2016 年度工作报告的仅有 5 家检察院，其中还有 3 家检察院公开的年度工作报告仅有摘要；有 9 家检察院公开 2015 年度工作报告，全部公开报告内容的仅有 6 家。专项报告的公开情况更是让人大失所望，仅德阳市 1 家检察院公开了专项报告，另外还有 4 家检察院仅有相关新闻报道，14 家检察院没有公开任何专项报告内容。

第四，财政信息公开缺口依然很大。财政信息公开是将检察院年度经费预算、决算和三公经费使用情况对公众进行说明，接受群众监督。2018 年的评估结果显示：有 5 家检察院未提供 2017 年度预算、2016 年度决算、2016 年度预算的信息；而能完整提供上述预决算信息的，仅有 4 家检察院；未能提供 2017 年度、2016 年度三公经费使用情况的有 6 家检察院，提供了 2017 年度、2016 年三公经费使用情况的有 5 家检察院。显然，检察院预决算信息和三公经费使用情况的公开，可谓依然道阻且长。

第五，文书公开渠道及内容有待完善。评估显示，一些法律文书的公开情况进步显著，例如有 18 家检察院公开了起诉书，但是仍然有很多类型的文书尚未公开。特别是，评估对象均未公开量刑建议书、检察建议书、检察意见书。此外，检察院案件信息公开网上线使用后，大多数检察院通过该网站公开检察文书，但是仍然有部分检察院没有在该平台公开，而是通过自己的门户网站公开。这种做法虽没有太大问题，但是从公开工作的规范管理上来说，如果能够充分利用好统一的公开平台，对于信息使用者、信息发布者、信息公开管理者来说都更方便、更高效。

（六）基本解决执行难仍存瓶颈

虽然，四川省各市（州）近年来对解决执行难高度重视，但是执行难的解决不可能一蹴而就，在实践中也会遇到一些困难和瓶颈。

第一，执行案件“人案矛盾”突出。一是案件大幅增长。四川省法院执行案件快速增长，2015 年受理 19.9 万件，2016 年受理 26.2 万件，同比上升 31.85%，2017 年受理执行案件 35.6 万余件，同比又上升了 35.6%。执行案件分布不平衡，全省约 40% 的案件集中在成都、绵阳、德阳、南充等经济发展体量较大的地区。二是当前社会环境复杂，案件执行难度加大。执行难度大造成执行法官信访、维稳压力不断增加，对重大、疑难或涉众、涉稳案件有明显的畏难情绪，消极执行、选择性执行、乱执行等现象仍未根治。三是全省法院执行队伍总体上存在量少质弱的问题，难以适应执行工作需要。据统计，全省从事执行工作的在编干警仅 2189 人，其中执行部门员额法官仅 464 名。现有执行干警以军转干部、调入人员或未入额法官为主，法学教育经历整体偏低，人员年龄结构老化，整体素质与审判部门人员差距较大，难以适应执行规范化的要求。目前，执行部门员额法官人均结案 710.99 件，为全省员额法官人均结案 164 件的 4.3 倍，案多人少矛盾十分突出。

第二，工作大格局作用发挥还不到位。四川省虽然构建了党委领导下的综合治理执行难工作大格局，建立了执行工作联席会议制度，但实际作用发挥还不够到位。一是市、县两级执行工作联席会议制度运行实质化程度不高。多以传达学习贯彻上级联席会议精神和要求为主，没有抓住本地区实际，以问题为导向开展工作，还存在以文件落实文件、以会议落实会议的形式主义。个别执行工作联席会议成员甚至不清楚本单位、本系统在执行工作大格局中的具体定位和职能职责。二是联动机制作用发挥不够。

负有协助执行义务的行政机关协助执行随意性较大，尚未形成制度约束机制。涉及协助执行单位自身利益、增加其工作量和行政管理成本，协助执行单位往往设置内部程序障碍，增加执行工作的人力、时间成本，降低执行工作效率。三是打击拒执罪配合不到位。制裁涉执违法犯罪行为，既需要公、检、法三机关密切协作，也需要政府职能部门和社会各界对法院执行工作给予理解、尊重和支持。但个别公安、检察机关对拒执行为的打击主动性不足，三机关相互配合还不够顺畅，拒执行为定罪难度大。

第三，执行信息化建设存在进一步提升的空间。当前，执行信息化建设滞后，社会信用系统不健全，是破解执行难的技术性障碍。一是网络查控尚未实现“全覆盖”，查人找物难的问题仍然存在。在不动产、税务、有价证券、保险等方面入网工作进度缓慢；公积金查询、控制尚需全省提级处理；对被执行人车辆信息、旅馆业住宿登记信息、乘机信息及人口暂住信息的查询和反馈机制还不完善；银行网络查控系统功能仍有不足，冻结、扣划功能亟待完善，网络冻结与柜台扣划尚无法实现无缝对接，点对点、总对总在应用中出现查控信息不准确的情况，不少案件的查控仍以“登门临柜”形式为主；理财产品的查询、冻结功能需要开放。二是失信信息流转不顺畅，联合信用惩戒措施落实难。惩戒信息推送还不顺畅，大多数行政单位没有按要求将失信被执行人名单信息嵌入本单位管理、审批、工作系统，对住宿宾馆饭店、高消费旅游、子女就读高收费学校、购买具有现金价值保险等高消费限制尚需加强，对担任事业单位法定代表人、金融机构高管、社会组织负责人、律师、公证员以及招录为公务人员等任职资格限制缺乏有效控制手段；对设立金融类公司、发行债券、股票发行或挂牌转让、参与政府投资项目或主要使用财政性资金项目、参与工程建设项目的招标投标活动等特定行业和项目限制还未启动；尚未实现被执行人名单信息的自动比对、自动拦截、自动监督、自动惩戒；惩戒措施及效果情况反馈也不及时。

四　完善建议

（一）进一步深化司法体制改革

第一，理顺司法体制配套改革的体制机制。2018 年是全面深化司法体制综合配套改革的开启之年。四川省司法改革在完成了员额制改革、司法职责制改革等重大事项改革后，仍然有些配套体制机制需要完善。一是尽快完善员额配套机制。四川省已经出台了员额法官检察官退出的相关文件，下一步还应继续完善员额增补、逐级遴选以及在业务部门与非业务部门之间流动等配套机制。二是健全司法辅助人员的配备和管理机制。员额制改革后，在新型办案团队组建过程中，司法辅助人员的作用更加凸显，司法辅助人员职能定位不清晰，助理与书记员的职责交叉将会严重影响案件质效，因此，亟待建立健全司法辅助人员的管理、选拔机制，明确其职责、晋升及考核等事项。三是厘清法官责任制边界。“裁判者负责”并不意味着应由法官对任何案件承担无限责任；因此，亟待厘清法官的职责边界，特别是明确法官应当豁免的事项以保障法官本身权益。四是加强案件质量保障。在现有条件下，“审批制”弱化后需要通过其他手段保障案件质量，因此有必要建立比较完善的法官（检察官）会议制度加强对疑难复杂案件的研讨，同时加强司法人员的培养和培训，提高司法人员的能力水平。

第二，抓好司法改革措施的具体落实。制度建设是司法公正的重要环节，但是制度建设重在落实，只有纸面上的制度，没有行动中的落实，再好的制度也将是一纸空文。四川省各市（州）在司法改革四项重点任务基本完成后，应当着重将司法改革的重点转移到制度落实层面。一是制度实施效果与各项规范性制度的效力层级与发布单位息息相关。四川省各市（州）虽然为司法改革出台了不少规范性文件，但是它们发布单位不一、层级不一，一定程度上影响了制度充分发挥作用。因此，加强制度落实的首要条件是提高规范性文件出台的规格，建议考虑由各市（州）政法委会同市（州）委办、政府办联合发文。二是重视领导干部办案制度的落实。领导干部能否带头办案，是否能带头办理疑难复杂案件是决定员额制改革成败的关键，除了制定文件规定干部办案数量外，还可以通过减少领导干部行政事务、公布领导办案数量及类型等方式促进领导多办案、办难案。三是落实司法人员保障制度。司法人员保障的难点在于落实，保障力度的大小取决于党委、政府、社会方方面面的重视程度，司法人员单独序列、员额编制的增补等需要党委和人事部门的配合，司法人员的薪酬待遇需要政府财政部门的支持，司法人员安全保障则有赖于公安机关的协助。因此，司法人员保障制度落到实处需要地方党委政府的配合，需要从依法治省、依法治市的高度压实党委、政府责任。

第三，加强对司法改革实效的评估调研。司法改革不能仅仅停留在文件和纸面上，改革能否提升审判质效，能否惠及司法机关和人民群众需要通过深入实地的调研评估来确定。一是上级政法机关对下级政法机关进行检查督促力度。通过督查评估，重点评估各市（州）、各县（市、区）员额制、责任制落实过程相关举措是否落到实地，选出的员额法官检察官是否符合中央司法改革精神，不办案的法官检察官是否退出员额，法官检察官是否能够真正独立地行使审判权、检察权，各地是否还有违法干预审判权、检察权的事例，侵害司法人员履职的事件是否已经杜绝，司法改革后司法质效是否得到提升以及提升的程度，法官检察官在司法改革中的获得感如何，等等。二是加强司法改革的第三方评估，除了政法机关内部督查外，为了提升评估的公信力，积极邀请中立的第三方对司法改革成果及不足进行评估，为司法改革的深化出谋划策。

（二）全方位提升司法公开水准

第一，以需求为导向进行司法公开。司法公开应以社会公众和当事人的需求为出发点，“想群众之所想，干群众之所需”，切实做到以社会公众和当事人的需求为导向，满足公众的司法需求，为公众获取司法信息提供便利和服务，真正实现司法便民、司法为民。向公众和当事人征集意见建议，询问他们希望公开什么信息，希望以什么方式公开，重视公众和当事人的真实需求并纳入司法公开工作的考虑之中。

第二，提高司法公开的自主性。一般而言，法院的工作模式是被动式而非主动式的，但并不意味着法院的所有工作都是被动的。法院主动通过网站进行司法公开，进而实现司法便民，提升法院的权威和公信力。但当前一些法院建设网站，除了自身宣传的需要外，有不少来自于上级法院的要求、同级党委政府的推动；甚至是为了应付评估。因此，其工作在很大程度是被动应付，公开工作和相关活动往往出现重形式、轻效果，重自身便利、轻受众感受，信息发布滞后的情况。一些法院网站只管建、不管用，栏目配置不齐全，配置栏目但无信息，网站界面友好性差，信息公开不主动，重要信息难获取，应从现阶段“要我公开”逐步转变为“我要公开”。

第三，加强平台建设，理顺与门户网站的关系。四川省统一的司法公开平台栏目设置较为全面，很多栏目与门户网站的栏目设置是相同的，易导致信息公开分散发布、信息发布内容不一致现象，公众进行信息查询时会无法判断以哪个平台发布的内容为准。建议建立有效链接，实现统一平台与各法院门户网站之间互联互通，避免重复上传数据，同时应确保信息的准确性，方便公众进行信息查询。

第四，建立网站运维保障机制。网站是司法信息发布的重要载体，网站日常的运营维护尤为重要。公开的司法信息的准确性、全面性会影响司法公信力，法院每天都会产生或者更新司法信息，这需要专门的工作人员进行上传、修改或者删除过时的司法信息，维护网站的日常运行。对法院来说，不仅要有专门的网络技术人员保障网站的有效运行，还需要技术人员和熟悉法院业务的法律工作者相互配合，形成良好的运维机制，保证司法信息公开的规范性。

（三）提高检务透明度重在落实

第一，提高认识高度重视公开。阳光司法建设的关键是做好信息的公开工作，把握和理解好公开是为了检察工作更好开展，政策更好落实。各级机关应当树立端正的司法公开意识，不能对公开工作持有抵触心理，不要将公开工作视为一种负累。而在具体的工作中不仅仅要严格按照有关部门的要求进行公开，更要从便利当事人和社会公众的角度思考更好的公开方式，探索更加实用的公开方式。

第二，加大投入强化技术支撑。之所以会存在网站运行不稳定等问题，其根源是后台技术支持不到位，正确认识到公开工作的重要性就要从人、财、物等各个方面予以支持。应通过聘请外援以及内部人才培养双渠道提高专业技术水准，解决技术难题。此外，在网站的建设和维护中将网站的公开实用性考虑其中。

第三，统一标准提升可操作性。为了使公开工作更好开展，让公开成果更加惠民利民，应格外重视规范公开标准、明确公开内容。结合当下公开工作现状和实际公开中遇到的问题，制定更加明确、具体的公开标准，处理好各公开渠道的关系，避免公开信息不对称情况的发生。例如设置了统一的公开平台，就要充分利用，同时注意门户网站对公开平台的链接管理，使两者各自发挥其特有作用，以期更方便公众获取信息。

第四，加强监督确保严格落实。在制定了严格的公开制度来规范公开工作后，还应当加强后期的监督。应明确划分公开职责并固定责任人，对公开未落实到位的予以严惩。同时通过日常监管及时发现公开工作当中遇到的困难和阻碍，及时给予帮助。还应对公开工作落实到位以及创新公开方式取得良好公开效果的行为和人员进行表彰，提高工作积极性，共同推进检务公开工作向纵深发展。

（四）调动各方力量解决执行难

第一，解决执行案多人少矛盾迫在眉睫。目前，四川执行案多人少矛盾已经比较突出，这一方面是部分承办人执行工作效率尚待进一步提高造成的，但在很大程度上也与目前四川法院执行案件激增，执行力量不足，承办人员、书记员工作任务繁重有关。在案件量连年大幅增长的同时，受到法院内部的员额制改革等影响，执行人员不增反减，因此，亟待破解执行战线人案矛盾。一方面，要将查询财产、执行文书发送、案件归档等部分辅助性事务进行剥离，尽力保障执行法官专注于制定执行方案、财产处置、查找被执行人等事项；另一方面，要为执行工作配备足够的执行员、司法辅助人员，将配置必要的车辆、设备作为保障执行工作良性发展的基础性条件之一。

第二，做好沟通协调提高执行效率。执行虽然是法院的职能，但执行工作需要评估机构、拍卖机构、金融机构及相关政府部门的协调，这些部门是积极配合还是消极怠工极大地影响执行案件的效率和效果。因此，做好执行必须做好相关部门的协调沟通工作。一是畅通与政府部门、金融机构的沟通机制，缩短网络财产查询的反馈时间；二是严格限定评估、拍卖机构的处置时间。例如，对于执行过程中通常用时较长的评估环节，可以出台《评估拍卖流程管理办法》，严控节点用时，明确规定委托后多少工作日进行现场勘验、多少工作日出具评估报告等，并通过对外探索以招投标方式确定鉴定、评估机构，根据收费标准、完成工作时限等，对中介机构实行计分考评，让效率高、佣金低的中介中标。

第三，通过案件繁简分流提高执行效率。面对执行工作案多人少的格局，提高执行效率还应当从变革执行机制、体制入手，加强执行工作的集约化水平，实行案件繁简分流。一是调整执行局内设部门，增设专门机构，由其负责在执行案件立案后，统一进行集约网络查控，确保第一时间进行网上查控；二是根据网络查控情况，并综合执行案件财产查找、争议解决、拍卖处置、公告送达等环节的难易程度，对案件进行分类；三是将通过财产查控，银行存款、股票等可足额清偿债权的；被执行人愿意主动履行或者双方有和解可能的；可以简单处理的财产保全案件、追索诉讼费案件等几类简单易执、易结的简易案件，集中交由一两个执行组快速办理，提高这类执行案件的效率；四是其他普通案件则严格规范流程和时限，进行精细化办理。

第四，借助信息化手段辅助执行工作。执行信息化是法院信息化的重要组成部分。通过进一步加强执行信息化建设可以提高执行的规范化水平和执行效率。一是通过网络提升查人找物效果。对执行工作而言，查人找物是关键。应当充分利用好最高法院建立的全国网络执行查控系统和各地法院建立的“点对点”查控系统，通过网络提升查冻扣的效率和力度。二是加强与其他单位的协作联动。执行难的出现主要不是法院造成的，解决执行难也不能靠法院“单打独斗”，应当通过信息化手段加强与公安、国土、工商、社保等部门的外部联动工作，由各法院指挥中心负责与协作单位、兄弟部门共享信息资源、加强联动对接、构建执行天网。例如，通过法院执行信息系统与公安相关部门信息系统联网，充分发挥公安机关“以大数据找人”的优势，运用电子信息手段，从科技层面查找被执行人。三是充分采用技术手段提高在线办案能力。例如，可以将执行案件管理系统从办公电脑移植到手持平板电脑上，使执行法官在外出执行途中即可完成案件信息查询、流程节点录入。由此，在充分激活“时间碎片”的同时，使执行工作各环节的流程信息实现真正意义上的同步录入。

第七篇　社会法治

党的十九大报告指出："加强社会治理制度建设，完善党委领导、政府负责、社会协同、公众参与、法治保障的社会治理体制，提高社会治理社会化、法治化、智能化、专业化水平。"社会治理的法治化是依法治国的基础，诚如十八届四中全会指出："全面推进依法治国，基础在基层，工作重点在基层。"因此，基层社会治理的法治化尤为关键，对于推进全面依法治国、全面建成小康社会，实现中华民族伟大复兴的中国梦具有十分重要的意义。近年来，四川省在社会治理法治化道路上阔步前行，取得了良好的成效。本次评估在总结经验的同时，也不忘检视存在的问题，为进一步推进四川依法治省、完善基层社会治理的法治化铺平道路。本次评估的评估结果还可以为其他地区基层社会法治提供参照。

一　评估概况

社会法治评估指标分为3个板块：治理体系和能力现代化、法治宣传教育、基层依法治理。治理体系和能力现代化主要从居民参与、服务供给、文化引领等方面进行评估；法治宣传教育重点从法律七进、普法责任制、“七五”普法推进情况进行考核；基层依法治理则从乡村、学校、企业3个维度进行测评（详见表18,评估结果见表19）。

表18　**社会法治板块指标体系**

二级指标	三级指标	四级指标
治理体系和能力现代化（30%）	居民参与（20%）	社区公开（50%）
		群众自治（50%）
	服务供给（10%）	社区公共服务（30%）
		社区互助（40%）
		社区志愿者（30%）
	文化引领（20%）	社区教育（30%）
		道德教化（40%）
		文明家庭（30%）
	依法办事（10%）	法治社区建设（100%）

续表

<table>
<tr><th>二级指标</th><th>三级指标</th><th colspan="2">四级指标</th></tr>
<tr><td rowspan="4"></td><td rowspan="3">矛盾化解（20%）</td><td colspan="2">理性合法的利益表达（30%）</td></tr>
<tr><td colspan="2">社区人民调解组织网络（30%）</td></tr>
<tr><td colspan="2">社区治安防控网建设（40%）</td></tr>
<tr><td>信息化应用（20%）</td><td colspan="2">智慧社区信息系统（100%）</td></tr>
<tr><td rowspan="6">法治宣传教育（40%）</td><td>法律七进（30%）</td><td colspan="2">法律七进推进情况（100%）</td></tr>
<tr><td rowspan="2">普法责任制（30%）</td><td colspan="2">是否制定了普法责任清单（50%）</td></tr>
<tr><td colspan="2">是否公开了普法责任清单（50%）</td></tr>
<tr><td rowspan="3">“七五”普法推进情况（40%）</td><td colspan="2">普法人员（20%）</td></tr>
<tr><td colspan="2">普法经费（40%）</td></tr>
<tr><td colspan="2">普法覆盖率（40%）</td></tr>
<tr><td rowspan="9">基层依法治理（30%）</td><td rowspan="2">乡村（20%）</td><td colspan="2">村民公约（50%）</td></tr>
<tr><td colspan="2">乡村法治建设（50%）</td></tr>
<tr><td rowspan="3">学校（40%）</td><td colspan="2">依法治校推动情况（40%）</td></tr>
<tr><td colspan="2">普法宣传情况（30%）</td></tr>
<tr><td colspan="2">法治示范校建设（30%）</td></tr>
<tr><td rowspan="4">企业（40%）</td><td rowspan="2">食品安全（50%）</td><td>食品安全事故（50%）</td></tr>
<tr><td>保障食品安全的举措（50%）</td></tr>
<tr><td rowspan="2">生产安全（50%）</td><td>安全生产事故（50%）</td></tr>
<tr><td>保障生产安全的举措（50%）</td></tr>
</table>

表 19　**社会法治板块评估结果分数**　单位：分

排名	市（州）	治理体系和治理能力现代化（30%）	法治宣传教育（40%）	基层依法治理（30%）	总分
1	南充	100	94.40	98.80	97.40
	阿坝	100	94.40	98.80	97.40
3	广元	100	91.20	100	96.48
4	成都	100	96.00	92.00	96.00
5	攀枝花	100	96.00	90.00	95.40
	资阳	100	96.00	90.00	95.40
7	雅安	100	92.80	90.80	94.36
8	遂宁	100	92.80	90.00	94.12
	达州	100	92.80	90.00	94.12
10	自贡	100	92.80	89.60	94.00
11	宜宾	100	92.80	88.80	93.76
12	广安	100	91.20	90.80	93.72
13	内江	100	92.80	87.60	93.40
	眉山	100	92.80	87.60	93.40
15	绵阳	100	89.06	90.00	92.84
16	乐山	100	91.20	87.60	92.76
17	德阳	100	89.60	88.80	92.48
18	甘孜	80.00	96.00	97.60	91.68
19	凉山	80.00	92.80	100	91.12
20	泸州	100	91.20	82.00	91.08
21	巴中	100	91.20	80.00	90.48

二　亮点与创新

（一）治理体系和能力现代化

国家治理体系和治理能力是一个国家制度和制度执行力的集中体现，两者相辅相成，组成一个有机整体。良好的国家治理体系才能真正提高国家治理能力，提高了国家治理能力反过来又能充分发挥国家治理体系的效能。2018 年 2 月 28 日，《中国共产党第十九届中央委员会第三次全体会议公报》中指出："党的十八大以来，以习近平同志为核心的党中央紧紧围绕完善和发展中国特色社会主义制度、推进国家治理体系和治理能力现代化这个总目标全面深化改革，加强党的领导，坚持问题导向，突出重点领域，深化党和国家机构改革，在一些重要领域和关键环节取得重大进展，为党和国家事业取得历史性成就、发生历史性变革提供了有力保障。"由此可见，推进国家治理体系和治理能力现代化是近些年来党中央全面深化改革工作的重中之重。四川省在社会法治建设过程中特别注重治理体系和治理能力的现代化问题，时刻响应中央号召，紧密跟随中央脚步，取得了良好的成效。

1. 居民参与

居民参与即居民以个体的身份参与社区公共事务的决策和管理，这是基层社会治理的核心与基础，是政府实现对社会有效治理的重要手段，也是公民参与国家事务和社会公共事务的直接体现。近年来，四川省委、省政府发布了多项文件，如《关于全面深化改革加强基层群众自治和创新社区治理的通知》《四川省村务公开条例》等，以保障基层村（居）务公开和群众自治的顺利进行。

落实和深化村（居）务公开、群众自治、民主管理，是党中央、国务院作出的加强基层民主政治建设的重要举措。进一步做好村（居）务公开和群众自治管理等工作，是维护城乡基层群众根本利益的具体体现；是全面推进村（居）民自治，发展社会主义民主的重要内容；是落实协商于民、协商为民，健全基层治理机制的重要手段；是落实村（居）民知情权，保障村（居）民决策权和监督权的重要保证；是促进城乡社区党风廉政建设，密切党群干群关系，促进基层政治稳定的重要保证。

四川省各市（州）认真贯彻落实《四川省村务公开条例》有关规定，明确村（居）务公开的意义，扩大村（居）民的民主参与，丰富村（居）务公开的形式，加强村（居）务公开的督查。各市（州）对《四川省村务公开条例》中明确规定的公开事项、其他法律法规政策明确要求公开的事项、城乡社区发展中需要公开的相关事项均进行认真梳理，各自建立完善本地区统一规范的村（居）务公开指导目录，确保基层按程序、按规定做到全面、真实、及时进行公开。攀枝花市创新四项举措加强村（居）务公开：一是突出公开重点，重点公开惠民政策落实、征地拆迁、土地流转、财务收支等与群众息息相关的事项；二是丰富公开形式，在村（社区）设立了固定的公开栏，并通过广播、电视、网络、村（居）民会议等载体加强村（居）务公开；三是规范公开程序，严格按照议题提出、内容审查、会议决定、实施公开、询问监督、备案存档的流程开展工作；四是健全公开机制，村（社区）一般事项至少每季度公开一次，涉及群众切身利益的重大问题及群众关心的事项及时公开。德阳市首创集体“三资”信息化监管平台系统，将农村集体“三资”管理工作平台、监管平台和公示平台的功能整合，全市农村实行了村组财务委托乡镇集体“三资”管理服务中心统一代理，对村组资金使用、资源处置、项目建设等全面公开、全面监管，在各乡镇政务中心设置触摸屏查询平台，在市级建立“德阳阳光惠农网”，市、县两级政府主要门户网站设置集体“三资”查询端口，供广大群众查询使用。广元市构建“1 + N”政务村务公开微信矩阵，利用“一键到村”直通各村村务平台，实行财务收支、惠民政策、项目工程等“全裸”公开，把村级权力晒在阳光下，有效倾听、回应民意，拓宽群众有序参与渠道，从源头上遏制“微腐败”。

四川省各市（州）加快健全和完善村（居）民自治机制，切实保障基层群众对村级事务的参与权。近年来，成都市为积极适应基层生产方式和社会结构的深刻变化，针对“村民大会难召集、村民代表大会难议决、村级事务群众难参与、村‘两委’难监督”等问题，坚持还权赋能、村民自治，按照“三分离、两完善、一加强”（决策权与执行权分离、社会职能与经济职能分离、政府职能与自治职能分离，完善农村公共服务体系，完善集体经济组织运行机制，加强党组织领导）的思路，创新村民议事会制度，先后出台《关于构建新型村级治理机制的指导意见》《完善城市社区居民自治试点方案》《关于深化完善村级治理机制的意见》《关于深化完善城市社区治理机制的意见》等文件，构建完善了“党组织领导、村（居）民（代表）会议或村（居）民议事会决策、村（居）委会执行、其他经济社会组织广泛参与”的“一核多元、合作共治”的基层治理机制，实现了从实践创新到制度创新的跨越，夯实了基层依法治理基层，加快推进了基层治理体系和治理能力现代化。广安市健全居民自治“十项制度”，即健全居民议事制度，论证、听证制度，勤廉双诺双述双评制度，民情恳谈制度，小区自治制度，述职述廉制度，问责制度，民主监督制度，村（居）务监督委员会审议村（居）务公开制度，村（居）务公开和村（居）务监督工作档案管理制度，实现村（居）民自治制度化、体系化。达州市宣汉县通过在下八镇鼓寨村、芭蕉镇竹海社区试点试验，实践探索出“四会管村、五步议事、三项监督”村（社区）依法治理模式，创建村（居）务监督制度、“五步议事”规则、村级会计委托代理服务等，注重健全基层“一核多元，合作共治”组织体系，增强村（居）民自我管理、自我服务、自治能力，突出改善基层党群干群关系，着力提升村（社区）依法治理水平，推进农村基层组织共建共治共享，努力实现村（社区）法治、自治相互促进。甘孜州建立社区听证会、评议会、协调会的“三会制度”，继续深入开展社区成员代表会议，进一步增强居民的民主法治意识，使社区居民最大限度地参与社区生活，共同建设幸福社区。

加强村（居）务公开，加强群众自治建设，是进一步完善群众参与，依法推进社会主义民主政治建设，加快全面建成小康社会进程，维护社会大局和谐稳定的必然要求，是强化农村基层党风廉政建设，规范基层干部工作行为，促进基层干部廉洁务实，保证党的各项方针、政策落地落实，实现好、维护好、发展好广大人民群众根本利益的重要途径。

2. 服务供给

2017 年，四川省民政厅发布《关于开展引导社会组织社会工作者参与基层民政公共服务试点工作的通知》等文件，为社区各项工作提供了指导。四川省在加强社区综合服务设施建设、加强社区工作者队伍建设、扩充社区互助活动种类形式等方面均作出了努力，取得了成效。各市（州）加强政策创制，进一步优化了社区服务体系建设的制度环境，以完善社区治理体系。贯彻落实中央和省的各种文件精神，以居民需求为导向，完善城乡社区治理体系，加快形成具有本地特色的城乡社区治理模式。积极探索社区、社工、社会组织“三社联动”工作新路径，通过完善以社区为平台、以社会组织为载体、社工专业人才为支撑的“三社联动”机制，加强社区治理体系建设，发挥社会组织作用，实现政府治理和社会调节、居民自治良性互动。

四川省部分市（州）利用互联网相继建立社区公共服务综合信息网络平台。泸州市龙马潭区社区成立软件开发专家团队，深入区政务中心、12 个街镇和部分社区进行实地调研，充分了解区、街镇、社区三级行政服务硬软件运行情况，多方面研究论证“新平台”软件开发，并对拟纳入“新平台”服务事项进行梳理，加快对社区公共服务综合信息化平台建设试点进行资金预算，组织召开部门协调会，制定了信息平台建设方案和实施方案。德阳市旌阳区旌阳街道办事处以旌阳区“互联社区”网络平台为基础，以政策宣传、社区服务信息、社区管理等为主要内容，采取微信公众号、互联网平台同步推进，开发 PC 端软件和手机 App，实现居民对本社区事务“第一时间”知晓，创新公共服务途径方式，极大地提高了公共服务的时效性，真正实现居民办事“少跑腿、不跑腿”。

在社区互助、社区文化和社区志愿者方面，成都市研究制定《成都市深化社区志愿服务的实施方案》，明确将志愿服务情况纳入社会信用体系，实施百千万党员志愿服务行动，着力构建志愿服务积分兑换、时间银行等志愿服务激励回馈机制。攀枝花市制发《社会组织志愿服务实施方案》，落实社会组织及志愿者参与志愿服务的工作流程和活动项目，根据志愿服务分类，积极督促社会组织开展志愿服务活动，加强对公益慈善类、城乡社区服务类社会组织积极参与社会服务工作的管理与监督。内江市建立“法律援助四级网络”，在全市 121 个乡镇建立了法律援助工作站，在 1955 个村（社区）建立法律援助联系点，逐步形成“横向到边、纵向到底、依托基层、多方参与”的四级法律援助网络，成为党和政府为弱势群体办实事的“连心桥”。甘孜州以“幸福甘孜”为主题，营造充满活力的社区文化氛围。充分利用社区学校、社区广场以及社区单位的各类文化设施，在各街道、各社区开展“幸福甘孜”系列活动，用丰富多彩、健康有益、喜闻乐见的文化、体育、科普、教育、娱乐等活动，丰富居民的精神文化生活，陶冶情操、提升素质。

3. **文化引领**

四川省委宣传部印发《四川省社会主义核心价值观工作评估体系（试行）》，让核心价值观工作评估有了可操作可实施的指南，四川省各市（州）认真落实该评估体系，深化社会主义核心价值观宣传教育和道德教化。成都市金牛区九里堤街道九里堤北路社区每两个月组织一次社区“道德教育”讲堂活动，围绕敬业奉献、助人为乐、孝亲敬老、爱心志愿者等主题进行讲座和交流，获得了群众的广泛好评。自贡市开设“道德讲堂”，以“践行社会主义核心价值观，培塑自贡城市时代精神”为主题，组织各方面专家、模范引领开讲，起到文明劝导作用。巴中市以创建第五届全国文明城市为契机，把道德教化、法治教育融入文明城市创建工作，组织文艺志愿者，把法律知识、创文知识、文明礼仪等相关知识用文艺的形式，送进巴州区、恩阳区、巴中经开区30多个社区。同时融入宣传资料现场发放、举行法律知识有奖知识问答、专题片等形式，对市民进行宣讲，提高了市民的知晓率和参与度。阿坝藏族自治州以践行“富强、民主、文明、和谐，自由、平等、公正、法治，爱国、敬业、诚信、友善”社会主义核心价值观为目的，以“立德树人”为宗旨，以思想道德建设为重点，大力开展“孝为先、善为上、和为贵、俭为美”道德传扬活动，弘扬中华传统美德。

为进一步提高基层群众的法律意识和学法用法水平，各市（州）纷纷开展“法律明白人”相关工作。南充市以司法局为主导，搭建市、县、乡、村四级培训平台，举办培训4300余场次，为5257个行政村新培养“农村法律明白人”17300余人。农村“法律明白人”在打赢脱贫攻坚战、加快新农村建设中的作用日益凸显。宜宾市继续采用“五步递进”工作法，强化保障、融合载体、创新方式，在农村积极培养“法律明白人”，为基层提供法律服务，让群众真正学法、用法、守法，使其依法办事、解决问题的能力和水平得到较大提升。巴中市将“法律明白人”培训作为农村普法的重要载体和手段，通过多项举措狠抓“法律明白人”培训工作，开展“法律明白人”培训6000余场次，培训“法律明白人”20余万人次，培养“法律明白人”3000余名，制作发放法治扶贫联系卡10万余张，为“法律明白人”发放法治宣传资料10万余份。绵阳市高新区运用“互联网+政务”思维建立“法律明白人”联系群45个，各乡镇均建立了“法律明白人”流动花名册。

家庭是城乡基层的组成单元，是社会的细胞，家风是中国传统文化传承的重要形式，蕴含着丰富的道德素质教育和价值观培育的内容。各市（州）纷纷开展城乡社区优良家风传承活动，践行习近平总书记关于家风建设提出的“推动全社会更加注重家庭、注重家教、注重家风”的重要精神。南充市大力开展“传家风、立家规、树新风”宣教活动，以“传承好家训、建设好家风”为目标，制定下发《“传家风、立家规、树新风”宣教活动方案》，并将“传家风、立家规、树新风”与文明家庭、星级农户等创评有机结合，融入精神文明建设工作，从自己做起、从家庭做起，讲道德、守规矩、重家风，有效地将社会主义核心价值观融入日常生活，提升公民文明素质和社会文明程度。自贡市以创建全国文明城市为契机，以“寻找最美家庭·传承家训家风”家庭文明创建活动为主线，以需求为导向，以项目为支撑，扎实开展“幸福家庭行动”，全面普及优良的家风家教。

4. 依法办事

为贯彻落实党中央依法治市建设方案，进一步加强社区依法治理工作，各市（州）纷纷开展法治社区创建活动，围绕建立健全居民自治机制、深入开展普法教育和法律服务、依法行使社区管理、完善村规民约、社区治理和服务创新等方面进行全面建设。成都市探索推进高新区、天府新区法治示范区建设。高新区坚持用法治思维和法治手段固化制度创新成果，以深化商事制度改革助推市场主体发展，依法授予示范区部分市级管理权限，建立先照后证综合管理系统，实施三证合一登记和小额经营社区备案制度改革，推行虚拟产业园登记，着力法治引领体制机制创新，激发市场活力，打造全国自主创新示范区的法治样板；天府新区紧扣一城一区一带三园核心区建设，着力在法治建设重点难点节点领域创新突破，重点突出公安改革，扎实抓好“四项建设”，推出社会稳定先期评估、预判、预防措施，促进社会稳定工作重心前移，为推进新区一城一区一带三园核心区建设提供有力法治保障。雅安市深入开展法治示范社区创建活动，持续推进普法“六个一”工程，即设立一个法治辅导站，建立一个法律援助工作站，组建一支法治宣传队伍，设立一个法治宣传栏，每户发放一张便民法律服务联系卡，培养一名“法律明白人”。

各市（州）在积极做好法治示范社区建设工作的同时，也纷纷力争国家级、省级、市级法治示范村（社区），个别市（州）取得了良好的成绩，如获得了全国民主法治示范村（社区）等荣誉。各市（州）以示范创建活动为抓手，引领推动依法治村（社区）工作在四川省各村（社区）全面展开，实现全覆盖。

5. 矛盾化解

各市（州）认真贯彻落实中央办公厅、国务院办公厅《关于完善矛盾纠纷多元化解机制的意见》和省委办公厅、省政府办公厅《关于完善矛盾纠纷多元化解机制的实施意见》精神，制定相关实施细则，细化分解落实了多元化解单位法定职责，为矛盾纠纷“大调解”向多元化解升级发展提供了重要遵循，并基本做到各级矛盾纠纷排查调处制度健全、台账规范，加强完善了矛盾纠纷源头发现和预测预警预防机制。

在社会矛盾纠纷日积月累，法院面临案多人少矛盾的大形势下，成都市蒲江法院通过多次调研，提出了“五老”调解模式，即组建以老党员、老干部、老代表、老军人、老教师等新型乡贤为主体的民间调解队伍，充分发挥他们的优势，将矛盾纠纷化解在萌芽阶段。雅安市雨城区在全区依托派出所建立了治安纠纷调委会，以运用人民调解、治安调解、法律援助、司法援助与案管中心“3+2+X”为辅的多元化解工作模式，有效整合资源，提高了矛盾纠纷调解成功率。巴中市恩阳区首创“群众评议众口调解法”入选第二届中国美丽乡村论坛暨第五届村政论坛“2017年度农村基层治理十大创新案例”，在四川省得到了广泛的推广。资阳市坚持“调解优先、以调为主、调判结合”的原则，全市两级法院均实现了调解组织入驻法院诉讼服务中心，加强先行调解工作。广元市创新涉旅矛盾纠纷调解机制，青川县围绕全县“生态旅游目的地”建设，建立全覆盖的组织体系、高效率的工作体系、全方位的支撑体系、网格化的宣教体系，有效提升行业协会自我服务、自我管理能力，及时将旅游矛盾纠纷化解在萌芽状态，推动旅游市场健康有序发展。为进一步完善矛盾纠纷多元化解机制，阿坝藏族自治州积极推行“公调对接”机制，全州建成10个驻公安派出所调解室。凉山州也大力推进“公调对接”工作。由公安机关牵头，建立“110”接处警联动机制，全州公安机关在17个县（市）21个城区派出所建立了“民警+人民调解员”的矛盾纠纷联动调解机制。绵阳市游仙区建立的“两所一中心”协调矛盾纠纷联动化解机制、江油市“派出所（110接处警平台）”矛盾纠纷甄别分流联动化解机制工作经验均在四川省进行推广。

各市（州）紧密围绕中央、省的决策部署，始终坚持问题导向，以建立理性合法利益表达渠道为抓手，大力推进信访法治化建设，各市（州）信访形势总体平稳可控并持续向好，初步形成了群众依法逐级理性反映诉求的良好局面。信访工作必须坚持以人民为中心，切实增强工作的前瞻性、系统性、针对性，以推动依法及时就地解决群众合理诉求为核心，突出理念提升、问题化解、机制创新、制度完善、源头预防、科技引领，持续推进阳光信访、责任信访、法治信访、开放信访、和谐信访，了解民情、集中民智、维护民利、凝聚民心，不断提高群众和信访工作专业化、法治化、信息化水平，更好地维护群众合法权益、维护社会公平正义、维护社会和谐稳定。泸州市积极探索“互联网 + 信访”模式。升级改版互联网门户网站，建立市长热线门户网站，开通市长热线微信公众号、微博以及手机 App 应用服务等，网上信访已成为群众信访反映主渠道，形成了“网站对外服务，系统内部运转，无缝立体对接”的运行模式。资阳市完善视频接访、领导接访下访、部门联合接访、网上信访等做法，拓宽畅通“信、访、网、电”四位一体的社情民意表达渠道。

各市（州）构建党委领导，政府主导，政法综治机关组织协调，齐抓共管，发挥社会各方面力量积极参与社会治安防控体系建设，健全社会治安防控网，提升社会治安防控工作社会化、法治化、信息化水平。自贡市积极构建“五张防控网”，即构建社会面治安防控网，构筑农村社区村组防控网，构筑内部单位防控网，构筑治安重点行业场所防控网，构筑“平安小区”防控网。泸州市社区治安防控网建设按照“专群结合、软硬兼顾、强化协作”的要求开展相关工作。以社区综治中心为工作平台，强化硬件建设保障；以网格化服务管理工作为工作底座，在城市社区和人口密集的乡镇所在地全面落实专职网格员。广元市创新推进智慧社区建设，将公共视频监控资源整合到智慧社区信息系统，同步传输到居民家中，居民在家通过电视或通过手机 App 就可随时关注小区、楼栋的治安状况，发现异常情况可以随时向社区干部报告，发现违法犯罪活动可以“一键报警”，大大提升了社区治安防控水平。眉山市大力实施城乡社区警务战略，积极推进社区民警专职化，加强公安民警能力建设，主动融入社区治理。在全市大型社区试点建设智能门禁系统，推进智慧街道、智慧社区建设，强化街道社区的治安防控能力。

6. 信息化应用

信息化技术是推进国家治理体系和治理能力现代化的重要手段，也是推进智慧社区建设的必要基础。各市（州）大力推广互联网、大数据，把网络科技创新成果运用到社区建设及治安防控和预防、排查和化解矛盾纠纷的工作中，不断提升社区治理的科技化、智能化水平。个别市（州）强化“智慧+”“智能+”的思维和理念，率先迈出防控智能化的新步伐，依托科技支撑建立起了新型智慧社区技防体系。成都市锦江区以提升社会治理系统化、精细化、智慧化水平为目标，积极运用“互联网+社会治理”理念和现代技术，深入推进智慧社区建设，进一步深化社会治理创新，为建设高品质和谐家居生活社区打牢基石。成都市成华区于2017年在14个街道选取28个商业楼盘小区和一个老旧院落，开展“平安智慧（小区）院落”试点打造，逐步实现小区（院落）“智慧治理”，不断提升城市治理体系和治理能力现代化水平。攀枝花市西区通过开发“无忧家”手机App、建立数字化网格管理系统等方式，加快智慧社区信息系统建设，将各种信息和资源融合一体，实现数字化、规范化、信息化社会治理新模式，以数字化、信息化的手段加快电子政务向社区延伸，有力地推动了基层社会治理由“管理服务”向“服务管理”转变。德阳市创建“智慧小区”理念，为居民提供各种各样的智能化服务，围绕智慧管理、智慧民生、智慧物业、智慧家庭四个方面来打造，使居民之间可以形成良性互动。遂宁市船山区探索建设集便民服务、政务服务和电子商务于一体，高度资源整合及数据共享，服务于社区居民的社区公共服务综合信息平台。如建成了主要针对老人、小孩等特定人群的“一键通”呼叫服务平台，实施

“一键通”智能表设备与使用人的绑定。管理人员能够通过“一键通”智能表及时了解和掌控报警设备使用人的精准定位，提供及时的救助。雅安市着力打造“雅安互联网＋人社”品牌，建成市级数据中心、人社公共服务信息平台、人社视频会议系统，优化升级“多险合一”核心系统，全面推行医疗保险智能监控和智能审核、引智专技信息系统，集成银社互联交易平台、网上办事大厅、门户网站、微信、手机App、自助终端等线上应用渠道，实现信息查询、社保缴费、业务申报、参保证明打印等多项业务“网上直办、全市通办”，形成线上线下融合的“互联网＋人社”新格局，为人社工作插上智慧“翅膀”。

（二）法治宣传教育

党的十九大报告强调“提高全民族法治素养和道德素质”“加大全民普法力度，建设社会主义法治文化，树立宪法法律至上、法律面前人人平等的法治理念”。这一精神为全民法治宣传教育和普法工作指明了方向，提供了基本准则。

普法工作必须与法治实践相结合，将法治宣传教育融入法治实践的全过程，渗透到立法、执法、司法的各环节，通过法治宣传促进法治实践，通过法治实践加强法治宣传，不断提高国家机关法治宣传工作的实际效果。普法工作还要坚持系统内普法与社会普法并重。国家机关在履行好系统内普法责任的基础上，要积极面向服务管理对象和社会公众开展普法工作，努力提高国家工作人员的法律素养，不断增强社会公众的法治意识。普法工作还要坚持条块结合、密切协作，实行部门管理与属地管理相结合，加强部门与地方的衔接配合，坚持市、县、乡三级联动普法，强化地方党委政府对部门普法的督导考核，完善分工负责、共同参与的普法工作机制，形成普法工作合力。最后，普法工作必须实事求是，坚持从实际出发、注重实效，结合国家机关职能职责、工作任务和工作特点，创新普法理念，健全工作机制，丰富普法方式，积极推动各项普法责任的落实，切实增强普法的针对性和实效性。

1. **法律七进**

省委宣传部、省司法厅、省依法治省办联合下发《2017年四川省“法律七进”工作要点》，要求继续深入推进“法律七进”工作，做好四川省“七五”普法规划贯彻落实；全面推进民族地区社会依法常态化治理；深入开展“1+10”法治宣传教育主题活动；持续推进多层次多领域依法治理；加强法治文化建设，积极推进法治文化繁荣发展。各市（州）继续推进“法律七进”工作，深入推动法治宣传教育工作，全民法治意识有较明显的提升，四川省形成了普法教育与社会治理协调发展的良好态势。

成都市对“法律七进”各项任务实行“模块化”管理，确保每一进责任明确、任务清晰、标准统一、实施到位。结合实际完善“每一进”的具体工作内容和要求，指导基层开展送法进机关、学校、社区、村、企业、单位、宗教场所，结合受众的不同年龄层次、岗位职业等进行分类普法。推进“法律七进”示范点建设，认真总结推广基层普法工作经验。实施“精准普法项目”，瞄准辖区内法治建设薄弱的区域和环节，重点确立一批对口帮扶联系点（人），点对点制定法治宣传教育工作措施，促进法治宣传教育均衡化发展。德阳市集中开展“法律七进”专项督查调研，开展省市级“法律七进”示范点创建活动，推动“法律七进”品牌化、标准化，其“法律七进”示范点创建工作受到省司法厅调研组的高度肯定。达州市在开展“法律七进”工作过程中，重内涵、拓外延，树立“法律七进+品牌”新思路；抓节点、固重点，形成“法律七进+活动”新局面；搭平台、全覆盖，形成“法律七进+媒体”新常态；建机制、强示范，构建“法律七进+创建”新格局。资阳市根据省、市“法律七进”相关文件，逐步形成了“1+7+1+N”的工作机制，即“1”指在市委、市政府的领导下，在“法律七进”牵头部门的指导下；“7”指“法律七进”各明确一个市级牵头单位；“1”指在依法治市办，市委、市政府目标督导和牵头部门进行监督检查；“N”指“法律七进”工作各项工作下有N个小组，开展N个活动。通过以上的工作夯实“法律七进”工作各项基础。此外，泸州市在七进的基础之上增加“法律进军营”，开创“法律八进”创新模式。宜宾市则持续推行“法律七+五进”工作模式，各部门各司其职，使得“法律十二进”工作在基层得到了全面落实。凉山州根据少数民族特色，创造性地提出分“三大片区”，依托“差异化”普法策略推进“法律七进”工作。“差异化”普法针对凉山州境内大凉山彝区、安宁河谷地区和木里藏区三种经济发展形态并存的实际作出的制度安排和工作创新。依托“差异化”普法策略，凉山州各地各部门积极探索以促进大凉山彝区民生、推动安宁河谷地区发展和维护木里藏区稳定为重点的差异化普法方式，在一定程度上提高了“法律七进”的针对性和实效性。

2. 普法责任制

各市（州）以《四川省依法治省纲要》《关于进一步完善“谁执法、谁普法”工作机制的实施意见》为指导，在本年度继续深入开展普法教育，强化部门普法工作责任，健全完善“谁执法、谁普法”工作机制，均依照上述文件制定了详细明确的普法责任清单，并予以公开。各市（州）坚持“把‘谁执法谁普法’的责任和要求落实到具体部门和单位”为基本工作原则，强化部门普法工作责任，充分发挥各领域、各行业的专业优势，依托强有力的法治宣传和法治实践，进一步增强全社会法治观念，培养全体公民自觉尊法学法守法用法意识，逐步建立全社会办事依法、遇事找法、解决问题用法、化解矛盾靠法的法治良序。

成都市作为四川省省会，在普法责任制上，厘清基层普法主体责任，全面贯彻落实国家机关“谁执法谁普法”责任制和“谁主管谁负责”的要求。各依法治县（市、区）领导小组办公室负责将法治宣传教育与依法治县（市、区）工作同研究、同部署、同检查、同考核，按照“定性定量、可考可查”的原则，指导督促各级分类分层建立普法任务清单，细化任务项目、时间节点，推进基层普法责任落实，变“被动普法”为“主动普法”，取得了良好的成效。

3. “七五”普法推进情况

四川省立足全国一流，高标准高起点推进实施“七五”普法整体规划，各市（州）结合国家、省的基本指导精神，确立总体目标和阶段性目标，细化推进“七五”普法各项工作。在2017年度，各市（州）大力培养普法人员，增加普法经费，使得普法覆盖率有较大的提升。攀枝花市认真落实“七五”普法经费保障，积极沟通协调市级财政安排预算专门经费保障“七五”普法工作的顺利推进，并督促各县（区）将当年的普法经费纳入财政预算，切实予以保障并建立动态调整机制。通过各级财政保障，扎实有序推进全市普法工作的顺利开展。通过“七五”普法动态跟踪，切实保障普法工作全域覆盖。采取定期和不定期走访、督查、调研等形式深入市级重点部门，各县（区）、乡镇（街道）和村（社区）了解普法工作动态和存在的问题和薄弱环节，有针对性地协调有关部门研究解决一些人民群众反映强烈的矛盾焦点问题，通过全市上下联动，使全市的普法覆盖率大幅提高，据不完全统计，目前全市普法工作覆盖率达到100%，人民群众的法治思维和法治意识不断增强，办事依法、遇事找法、解决问题用法、化解矛盾靠法的意识深入人心，全社会崇尚法治的良好氛围进一步增强。本年度，泸州市大幅度提高普法经费的投入，相比前几年有较大提升，2017年度全市普法经费共计587万元，人均超过1元每年，普法覆盖率达到95%以上。巴中市、阿坝州普法覆盖率也均达到95%以上。

2017年度，四川省以“七五”普法工作为契机，以人民群众法律需求为导向，以“法律七进”为载体，全面推进“法律七进”各项工作落实，认真落实普法责任制，开展全方位法治宣传，抓好法治示范创建，推进法治文化建设，取得了良好的效果。

（三）基层依法治理

1. 乡村依法治理

依法治国是基本治国方略，依法治村是依法治国的重要组成部分。依法治村就是要大力加强农村法治宣传教育，增强农村干部群众的法治观念和依法办事能力，把农村的各项事务纳入依法管理的轨道，不断提高农村的法治化管理水平。

村规民约是村民会议根据国家法律、法规和政策，结合村实际讨论制定、由村民共同遵守的行为规范。村规民约是实现村民自我管理、自我教育、自我服务和自我监督的重要形式，是实施依法治理、加强基层普法教育的重要途径，是推行村民自治、依法治村的有效载体。对维护村风民俗和社会公共道德，提高社会治理水平，促进经济发展和民生改善具有重要意义。

2017年，各市（州）继续以《中华人民共和国村民委员会组织法》为指导，以提高村民思想道德素质、科学文化素质和民主法治意识为根本，紧紧围绕公共事务管理基本规则和村民道德建设基本要求，牢牢抓住基层治理的重要事务和热点问题，大力实施依法治村战略，尊重和激发村民自治主体地位，充分发挥自治组织在基层社会治理中的重要作用。在制定和完善村规民约的过程中，各市（州）采取多种方式，广泛征求基层群众意见，积极回应群众的诉求，协调各方关系与利益。在组织、完善和实施村规民约时，坚持以村民自治及法律法规为依据，并结合四川省

“中江经验”的成功做法，使本地区的村规民约保持内容的合法性、民主性和针对性，村规民约的实际运行趋于规范化和实效化。

依法治国基础在基层，工作重点、难点也在基层，乡村直接面对群众，更是其中的关键。2017 年，各市（州）继续通过依法治国战略的深入实施，各基层乡村在普法宣传教育、社会治理体系、法治示范创建等方面取得了显著成效。攀枝花市米易县一直以来高度重视农村依法治理，以“四务”（即党务、村务、财务、事务）清理为抓手，摸清基层现状，规范基层治理，为米易农村依法治理探索出一条新路子，实现了农村和谐稳定，推动了法治米易建设再上新台阶。德阳市强化基层法治示范单位的带动作用。统一思想、严格标准，积极推进省、市级法治示范村创建工作，对已创成的市级法治示范村开展“回头看”活动，对照标准，查漏补缺，落实整改，树立标杆，强化法治示范单位的带动和模范作用。遂宁市探索创新“六手印记”村务管理模式。射洪县太和镇白马庙村在聘请 1 名法律顾问的基础上，将普通党员、村民小组长和退职老干部、贫困户、非贫困户不重叠登记造册，形成“四分类成员库”，凡涉及村内“三重”事项和脱贫攻坚“六个精准”“五个一批”事宜，均在村党支部组织领导下，采取“一事一抽签、一事一组队、一事一审查”的办法，随机抽取 4 名代表与法律顾问、“两代表一委员一机构”成员形成法治监督组，无干扰开展过程监督、合法审查和绩效评估，当 5 位代表都同意此项事情后，驻村法律顾问最后对整个流程和内容进行合法性审查，如果没有违法情况，则 6 个人每人按下一个拇指印，即“六手印记”，开启了乡村法治监督的新模式。

只有始终坚持把依法治村工作作为常态工作来抓，大事小事依法依规、合法运行，始终把村规民约作为发扬社会民主、推进依法治理的具体抓手，才能提高乡村依法治理的水平、加快乡村法治建设的步伐。

2. **学校依法治理**

依据《关于深入推进“法律进学校”的实施意见》和《四川省“法律进学校”工作评估体系》等重要文件，各地、各校进一步明确了“法律进学校”工作目标、任务与路径，为有效开展相关工作打下了坚实基础。各市（州）紧紧围绕“依法治校”“普法教育”等方面，结合实际情况，采取有力措施，不断创新学生法治教育的内容和形式，深入推进依法治校、法治示范校的创建活动，大力宣传推广创建活动中的先进经验，树立典型，发挥引领示范作用。

2017 年，各市（州）全面推进依法治校各项工作，在健全中小学校长负责制，建立并发挥法治副校长专业特长作用，完善中小学决策机构，健全教职工代表大会，健全家长委员会，建立教育教学管理制度，完善师生权益保护机制，规范教师聘用和专业发展管理，全面推进校务财务公开，构建学校安全风险防控体系，建立学校法律顾问和救济机制，完善责任督学社会联系机制，探索构建学校与社会沟通协调机制，深入开展“法律进学校”活动，加强学校普法宣传教育，开展省级、市级法治示范校创建等方面作出了不懈努力，取得了良好的成效。

在学校普法宣传教育方面，绵阳市教育联合体育局通过“创建法治校园文化”“创新法治宣传载体”“创设法治建设网络”，持续深入开展“法律进学校”工作，提高法治教育的针对性和实效性，不断丰富青少年学生法治教育的内容和形式。遂宁市教育局与市检察院联合开展了以预防和减少校园欺凌、校园暴力、未成年人性侵案件宣传教育为主题的“检校共建法治校园”活动，增强了青少年法治意识，保护了未成年人合法权益。同时，邀请各界守法护法模范人物来校作“以案说法”报告，制作“以案说法”专题节目在遂宁电视台巡回播出，大力推行“警校共育”，增强了普法教育的实效性和真实性。内江市大力推进“互联网 +

法治宣传”行动。用好校园网、家校通等资源，搭建官方微博、微信、手机报以及教师、班主任或辅导员个人社交平台，开展法治宣传，增强网络法治教育的吸引力，引导学生正确理解法律规范，理性思考和正确认识法治事件、现实案例。根据全国青少年普法教育活动办公室“关爱明天、普法先行”的要求，攀枝花市着力开展“零犯罪学校”创建活动，市属三所学校被中国关心下一代工作委员会、司法部、中央社会治安综合治理委员会办公室评为全国“零犯罪学校”。南充市在全县中小学校大力开展“关爱明天，普法先行”青少年普法教育活动，并积极创建“全国青少年普法教育示范区”。

3. 企业依法治理

2017 年，四川省在食品安全和生产安全领域，基本没有发生重大事故。各市（州）大力完善安全体制机制，加大安全监管力度，深入开展各种安全检查，深化隐患排查治理，加大安全生产执法力度，不断夯实安全基层基础，安全保障能力得到了进一步提高。

成都市在往年的基础上继续探索“互联网 + ”智慧食安模式，形成了“一个中心（成都市食品安全监测预警数据中心）、三大平台（监管平台、检测平台、追溯平台）、七项功能（态势感知、过程监控、危害识别、风险预警、应急响应、趋势预判、循数决策）、四类应用（政府管理、产业发展、公共服务、社会治理）”的系统构架，全面创新了食品药品监管模式。绵阳市以“互联网 + 安全生产”信息技术为支撑，创设“绵阳市安全生产综合监管信息平台项目”，该平台是实现创新安全监管监察方式，进一步提高安全监管工作科学化、效能化、标准化和信息化水平的重点建设项目。遂宁市将安全生产信息化建设纳入智慧城市建设总体规划，以“互联网 + 安全综合监管”为导向，整合海事、交通、交警等部门和企业信息平台及数据资源，上联省局，下联乡镇、村、生产经营单位，五级用户数据共享，实现了“安全生产综合监管功能、企业履行主体责任功能、中介服务机构监管功能、应急救援救护管理功能、实时数据分析管理功能、远程监控指挥管理功能”六大功能。资阳大力探索食药网格化监管新路径，在四川省率先开展“互联网+”食品药品网格化监管试点工作，实现市、县、乡、村全面覆盖。达州市持续开展“七大攻坚行动”，即农产品源头治理攻坚行动、食品生产“两超一非”（即超范围、超限量使用食品添加剂和食品中非法添加非食用物质）制假售假整治攻坚行动、食品商标广告及不正当竞争行为整治攻坚行动、学校食品安全整治攻坚行动、“三小”（小作坊、小摊贩、小经营店）食品整治攻坚行动、农村食品市场整治攻坚行动、药品生产流通整治攻坚行动，以保障食品药品安全。

安全生产，责任重于泰山。有效的措施和严厉的监督监管，减少各类安全生产事故的发生，为老百姓提供一个安全可靠的生活环境，是保障社会和谐的基础。民以食为天，食品安全大于天，吃上健康安全的食品是人民群众关心的头等大事，也是对各级政府执政能力的重大考验。

三　发现的主要问题

2017 年，四川省社会法治整体情况较好，各方面工作相比上一年度，均有明显改进和提高，但是在本次评估中仍然显现出一些值得关注、有待进一步完善的问题。

（一）技术应用有待提高

网络以其快速传播性、广泛覆盖性、极具时效性等特点，在近些年来，迅速成为人们日常生活中必不可少的信息接收媒介，也成为政府开展各类工作的全新载体。在本次评估中，以成都市为代表的部分市（州）在基层依法治理、法治宣传教育等方面创新引入“互联网 +”“智慧 +”“智能 +”等新思维、新理念，为提高治理体系和治理能力现代化提供了技术支撑，取得了良好的成效。有些市（州）还将互联网运用推广成为其普法工作的亮点进行宣传，但是，这些亮点市（州）的优秀经验在四川省并没有被有效广泛地推广。“互联网 +”新技术在运用于实践的过程中尚存在一些问题，如理念构想、设计很完美，但缺乏具体可操作的措施；因为自身硬件系统的落后，导致无法迅速实际推广运用；相关工作人员对新技术的操作和掌握还不够熟练，对有些系统的操作仅停留在了解层面。

针对以上问题，四川省各市（州）应在大力推广倡导网络新技术运用于社会法治的同时，仔细制定可具体落实的措施或制度，将信息化、互联网技术实际落实到基层治理的具体方面。

（二）市（州）之间存在差距

本次评估中，在二级指标治理体系和能力现代化这一项，除甘孜州和凉山州得80分以外，其余市（州）均为满分100分，拉开了较大的分值差距。甘孜州和凉山州均属于少数民族地区，相比其他地区，其基础硬件设施、基层治理模式相对落后，也就出现了与其他市（州）分值差距的状况。如甘孜州在三级指标信息化应用领域没有开展任何工作和措施，这在国家大力推广“互联网+”“大数据”“智慧”等新技术新思路的背景下，各市（州）争先开展网络技术运用于社会基层治理的现状下，显得较为消极，相关部门应该加快步伐进行硬件建设和制度设计。

在二级指标法治宣传教育的普法经费上，2017年成都市在普法投入上，仍然占据最高的名次，仅2017年上半年，成都市就投入普法经费1726万元，人均每年2.2元，相比2016年有较大提升。遂宁市人均每年投入1.6元普法经费，自贡市人均每年投入1.21元，泸州市在政府财政大力支持后，普法经费达到人均1元每年。但是，在本年度，仍然有部分市（州）在普法经费上的投入较少，如达州市人均仅每年0.33元，有些市（州）还要更少。在符合财政支付能力的前提下，各市（州）投入普法上的经费多寡，与当地有关部门对普法工作的重视程度有密切关系，也直接影响普法工作的效果。

面对上述种种差异，四川省相关部门应该在各个层面予以统一谋划，合理布局，加强顶层设计，增强各项工作在具体落实过程中的科学性，逐渐减少区域发展不平衡现象的出现。

（三）公共参与仍然不足

广大群众是基层法治工作的土壤和根基。四川省依法治省、依法治市工作在近些年取得了一定的成绩，但仍然存在群众参与不足、群众参与积极性不高等问题，只有依靠广大人民群众的参与和支持，才能把基层法治工作做好。因此，群众参与是任何工作都不可或缺的基础，是事关法治工作整体建设水平的要素。比如，在本次评估中基层法治宣传工作方面，仍然存在普法内容僵化教条，群众兴趣度不高、参与性不强，无法形成良好互动等问题。一些市（州）在基层普法的工作中，以法学专家或专业领域的律师下基层开讲座的模式进行普法宣传，由于听众是缺少法律基础的老百姓，所以这类讲座往往起不到太好的普法效果，反而会因为太具专业性而使得老百姓难以真正领悟。此外，部分市（州）开展的一些法治宣传文艺类节目的制作水平也参差不齐，质量有待进一步提高。

（四）普法工作浅尝辄止

自1986年起开展的全国性普法工作以五年为一个阶段，如今已进入第七个五年规划，广撒网、无特定目标的普法方式也应由粗放转向精细化，针对不同人群的不同法律知识需求和法治诉求而进行需求导向的精准普法，提升普法工作质效。此外，对于普法工作的投入与硬件建设虽然必要，但单纯的物质投入不能成为衡量一地普法工作水平的标准，个别地方的法治公园虽投入不菲，设施布景称得上豪华，但介绍法治内容时单纯摆出法条或难脱生硬的说教之嫌，群众于其间游玩时并不能（或不愿）获取法律知识，甚至表现出对这种表面功夫的排斥，这种浪费有限公共资源还不能达至普法效果的现象需特别予以警惕。

四 完善建议

党的十九大报告再次强调全面推进依法治国的重要性，要坚持依法治国、依法执政、依法行政共同推进，坚持法治国家、法治政府、社会法治一体化建设。人民群众依旧是依法治国的主体和基础，也是依法治国的直接受益者。因此，全面推进依法治国，要坚持厉行法治，推进科学立法、严格执法、公正司法、全民守法，这些工作一定要落实到基层，扎根基层，才能真正实现其效果。基层社会法治中每一个小问题都是依法治国建设大局之必不可少的基础。

四川省依法治省工作将各项任务切实落到实处，将精兵强将下沉到基层，其基层基础可谓扎实，但也并非尽善尽美。在普法方面，今后普法工作应注意向精细化发展。中国社会的主要矛盾已经转化为人民日益增长的美好生活需要和不平衡不充分的发展之间的矛盾，在各个方面皆是如此。

通过本年度评估结果，虽然有个别市（州）在基层社会法治的某些领域做得还不是很好，但从整体上来看，四川省依法治省之行动基本上深入基层社会的方方面面，总体情况较上一年度有明显提升。但是，对于评估中出现的一些小问题，应该及时反思，并予以补救和处理。四川省各市（州）应该发扬优点改正缺点，才能切实提高治理能力，提升依法治国的水平。

结　　语

总体来看，四川省委坚定贯彻党中央依法治国重大战略部署，善于用习近平新时代中国特色社会主义思想统揽依法治省的各项工作，坚持“治蜀兴川重在厉行法治”，坚持依法执政、科学立法、严格执法、公正司法、全民守法，扎实推进社会治理，抓好关键少数，一以贯之抓法治落实，持续强力推进，扎实推动全面依法治国基本方略在四川落地生根。

在依法执政方面，四川省委贯彻习近平总书记全面依法治国必须抓住领导干部这个关键少数的重要指示，着眼“长期执政、长治久安”两个历史性课题，推动依法治省与制度治党、依规治党统筹推进、一体建设。四川省各市（州）通过会前学法、学法考勤、法律考试等举措提高关键少数的学法质效；通过合法性审查、专家论证、集体讨论等措施保障决策的科学性、民主性和合法性；通过依法履职保护、责任倒查、终身追究等制度保障责任体系的完整性。总之，四川省委及各市（州）通过一系列举措增强了关键少数的法治意识和法治观念，提高了依法执政水平和能力。

在人大建设方面，一方面，四川省各市（州）科学制定立法计划和立法规划，严格按照立法计划和立法规划开展立法工作，充分利用网络、报纸、公报等多种载体宣传法规，征求多方意见，提高立法质效，逐步迈开了科学立法、民主立法和依法立法的脚步。另一方面，四川省各市（州）线上线下齐发力，在线下，各市（州）人大利用执法检查、专项督查等监督方式推动精准扶贫、环境保护、教育公平等工作的落地；在线上，各市（州）利用“互联网+”，开发网上监督、网上代表议案办理平台，提高监督质量，强化代表管理。

在法治政府方面，四川省各市（州）在省委、省政府的领导下，紧紧围绕法治政府、廉洁政府、服务型政府的建设目标，稳步推进放管服改革，贯彻落实依法行政，坚持法定职责必须为、法无授权不可为。各市（州）用好用足“权力清单、责任清单、负面清单”，梳理政府、市场和社会的权责边界，统筹抓好履职尽责、依法决策、严格执法、政务公开、行政监督五件大事，构建系统完备、科学规范、运行有效的依法行政制度体系，加快建设职能科学、权责法定、执法严明、公开公正、廉洁高效、守法诚信的法治政府，为经济社会持续健康发展营造良好的法治环境。

在司法建设方面，四川省各市（州）严格执行中央深化司法改革的各项要求，将司法责任制作为司法改革的重要抓手，通过完善司法责任制的制度体系，科学合理组建专业化办案团队，明确法官检察官办案权限，严格执行入额院领导办案数量要求，创新方式加强监督，完善绩效考核机制，有效激励司法责任制落实。在基本解决执行难方面，四川省各市（州）建立“党委领导、政府支持、政法协调、法院主办、部门配合、社会参与”的解决执行难工作格局，将网格化管理运用到基本解决执行难当中，为解决查人找物难题提供了新的思路。此外，四川以提升执法司法公信力为最终目标，全面推进“阳光司法”和法院、检察院信息化、智能化建设，以智能化手段推动管理科学化，以信息化手段促进审判现代化，以公开化手段推进司法规范化。

在法治社会建设方面，四川省及各市（州）贯彻中央关于推进依法治国的基础在基层、重点在基层的指示精神，切实推动法治工作重心下移、力量下沉，探索基层治理体系和治理能力现代化建设方法和路径，坚持全面建设社会治安防控、矛盾纠纷多元化解、网格化服务管理3个体系，推动社会在深刻变革中既生机勃勃又井然有序。

“国无常强，无常弱。奉法者强则国强，奉法者弱则国弱。”依法治国是国强民富的必然选择和最佳道路，然而法治建设需要遵循客观规律，不可能仅靠若干年的推动和发展就毕其功于一役。无论是国家层面的顶层设计，还是地方层面的贯彻落实，都需要在前进中反思，在反思中进步。以四川为代表的地方，在推动法治建设过程中，需要在宪法法律的框架内，大胆尝试，努力创新，总结经验，勠力同心，克服前行中的各种艰难险阻，以国情事实为依据，以习近平新时代中国特色社会主义思想为指导，推动法治建设的各个方面向纵深迈进，并最终为中华民族的伟大复兴提供法治保障。